南京临时政府时期的
新闻管理体制

RESEARCH ON
THE NEWS MANAGEMENT
SYSTEM OF
NANJING PROVISIONAL
GOVERNMENT

高山冰 著

社会科学文献出版社
SOCIAL SCIENCES ACADEMIC PRESS (CHINA)

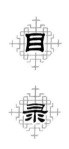

目录

绪　论 ……………………………………………………………………… 001

第一章　南京临时政府新闻管理体制产生的时代背景 …………… 015
　第一节　西方文化的渗透：中国近代新闻事业起步 …………… 015
　　一　西方传教士开启中国近代报刊之门 …………………… 015
　　二　外媒本土化促进中国近代新闻业的发展 ……………… 018
　　三　领事裁判权——租界报业发展的双刃剑 ……………… 020
　第二节　进步思想的宣传兴起：传统与现代的激烈碰撞 …… 027
　　一　早期维新派——借助报刊看世界 ……………………… 027
　　二　百日维新——借助报刊宣扬温和的君主立宪制度 …… 031
　　三　激烈的思想论战——保皇抑或革命 …………………… 033
　第三节　清末政改：强化新闻管理 …………………………… 035
　　一　清廷新闻管理的宗旨 …………………………………… 035
　　二　清廷新闻管理的举措 …………………………………… 036
　第四节　辛亥革命：中国新闻事业发展的转折 ……………… 041
　　一　辛亥革命准备过程中的民主自由思想传播 …………… 041
　　二　革命党人新闻宣传实践 ………………………………… 046
　　三　革命党人主导临时政府执行资产阶级共和政策 ……… 048

第二章 南京临时政府新闻管理体制的思想内涵 ………………… 052

第一节 言论出版自由是新闻管理体制的核心 ……………… 052

一 自由主义思潮对专制思想的冲击 ……………… 053

二 专制制度对民主思潮的妥协 ……………… 061

三 对言论出版自由的充分保障 ……………… 065

第二节 对清末新闻法制的继承与改进 ……………… 069

一 相似的新闻宣传方式 ……………… 070

二 相近的报纸创刊程序 ……………… 074

三 相仿的新闻管理措施 ……………… 077

第三节 革命党新闻民主思想的实践 ……………… 078

一 追求民主共和 ……………… 078

二 保护言论自由 ……………… 080

三 重视舆论宣传 ……………… 082

第三章 南京临时政府新闻管理体制的运行机制 ……………… 087

第一节 南京临时政府新闻管理体制的建构 ……………… 087

一 新闻管理机构设置 ……………… 088

二 新闻管理法律法规制定 ……………… 093

第二节 南京临时政府新闻管理体制的运行 ……………… 102

一 刊发官报 ……………… 102

二 建立与记者沟通机制 ……………… 105

三 设立新闻宣传纠纷的法律救济 ……………… 107

第四章 南京临时政府新闻管理体制的历史贡献与局限 ……………… 112

第一节 对新闻事业发展的贡献 ……………… 112

一 促进新闻职业理念转向倡言国事 ……………… 113

二 政府与报界形成良性互动关系 ……………… 115

三 新闻事业发展迎来"黄金时代" …………………………… 122

四 萌生近代新闻教育和新闻专业主义思想 ………………… 130

五 催生"党报"现象 ………………………………………… 131

第二节 南京临时政府新闻管理体制的局限 …………………… 134

一 新闻管理权限模糊 ……………………………………… 135

二 新闻管理软弱无力 ……………………………………… 139

三 新闻管理力度失衡 ……………………………………… 143

结语：南京临时政府新闻管理体制的启示 ……………………… 148

参考文献 ……………………………………………………… 164

后 记 ………………………………………………………… 173

绪　论

一　研究缘起

武昌起义取得胜利和中华民国南京临时政府（以下简称：南京临时政府）的成立，为资产阶级革命派创建意在推进新闻事业发展的新闻法制提供了政治基础。南京临时政府创建的以言论民主为核心的新闻法制，对于宣传资产阶级民主观念，促进民国初年新闻事业的发展，具有重要的进步意义。南京临时政府新闻管理体制的建立过程中，政府、新闻出版业及民众三方就新闻自由与新闻法制的认识和激烈博弈，对此后南京国民政府新闻出版法律体系的形成产生了重要影响。南京临时政府新闻管理体制在我国近代法制史上占有重要的历史地位，尽管它存在严重缺陷，但仍闪烁着革命光辉。反思南京临时政府时期新闻管理体制，有助于我们正确认识"新闻自由"这一历史性的观念，准确把握新闻出版管理与新闻自由的关系，为现代社会实现新闻法治提供有益的历史借鉴。其得失经验值得我们今天认真加以总结和借鉴，为健全社会主义新闻管理体制，更好地构建和谐媒介生态环境提供历史镜鉴。

南京临时政府由于存续时间较短，史料相对稀少，而对于南京临时政府新闻管理问题的研究比较少，且多见于新闻学或史学专著的某一个章节，几乎没有任何独立的著作或专项研究。本书通过翻阅历史资料，查阅当时的报纸、杂志等，在现有的研究成果基础之上，对晚清社会尤其是对清末法制变革进行梳理，对辛亥革命期间舆论发展的状况和趋势进行分析，对各国租界内新闻管理体制的内容及其对于新闻事业发展进行考察，以便更好地把握民国初期的时代发展脉络及新闻管理体系结构，着重探讨南京临时政府时期新闻管理体制的确立、形式、内容、意义等。从孙中山等革命领导人对待新闻事业发展的态度中研究出他们的新闻管理思想，由思想层面去考察民国初年新闻管理体制的形成与发展，考察南京临时政府时期新闻管理体制的历史逻辑与理论逻辑，以期对南京临时政府新闻管理的方方面面做一个整体的把握。

二 文献综述

南京临时政府新闻管理方向的研究成果大多散见于一些相关学术研究中，尚缺少专门性的、体系性的研究成果。研究资料主要分为两种，第一种主要着眼于该时期史料的整理，多见于史学著作。由于存续时间短暂，史料藏本相对较少，且更多地集中在"南北议和""军事管理"等南京临时政府面临的紧急问题上。与新闻出版事业管理相关的内容较为稀少和零散，多为针对具体案例介绍而留存的资料，或是相关历史人物的书信、演讲等文稿，以及当时的报纸所刊载的采访稿、通讯稿等内容。第二种则趋于学科专门性研究，主要包括：新闻学文集、法学类及政治学、管理学类著作等。于新闻学专著而言，对民国初期展开新闻事业管理探讨的著作相对较少，更多的是以新闻事业本身为研究对象，研究其发展历史及状况。

(一) 新闻事业发展相关研究

一是通史性质的著述中所包含的有关内容。此类著作有助于把握中国新闻事业发展的整体脉络，科学定位研究对象在整个学术史中的地位，同时可以做出纵向横向比较，从而更好地把握研究对象的时代特性。方汉奇主编的《中国新闻传播史》《中国新闻事业通史》对南京临时政府时期新闻事业进行了整理和研究，根据时间轴线，将南京临时政府时期的新闻传播领域划分成不同板块分类研究，再将其置于整个中国新闻传播史中去考察。其中"民国初年的新闻传播事业"中"民国初年政党报纸的繁荣"

"临时政府的言论自由政策""新闻事业的短暂繁荣"等章节，对南京临时政府时期新闻传播事业的发展状况尤其是时代特征做出阐述。戈公振的《中国报学史》则是从报纸这一媒介的发展视角予以考察，其中第五章"民报勃兴时期"、第六章"民国成立以后"，更是直接提供了彼时新闻事业发展的直接资料，并有数据支撑。马光仁主编的《上海新闻通史》，王文科、张扣林主编的《浙江新闻史》，王绿萍所著《四川近代新闻史》，许清茂、林念生主编的《闽南新闻事业》及王传寿的《安徽新闻传播史》等地方新闻发展史著作中对民初新闻事业的介绍，则以某一省或某一地的新闻发展为中心，结合对当地风土人情等社会状况的综合考察加以分析论证。此类研究成果地域特性很强，通过整合梳理可以窥探出当时各地新闻事业发展的程度，各地方政府关于新闻事业发展的态度及其开展的管理举措，并以此反推出中央政府在新闻管理领域的响应程度，从而对南京临时政府的新闻管理体制运转做出效果评价。

二是民初新闻事业发展中的具体问题研究。《辛亥年〈民立报〉深度报道研究》等以特定时间背景下的报纸内容为对象展开研究，通过对具体报纸的研究，从新闻管理客体的角度出发，对管理终端进行归纳分析，重视新闻管理体系研究的完整性。除个案研究之外，部分研究者从行业整体的角度来看民初新闻事业的状况。主要有赵建国的《分解与重构：清季民初的报界团体》、杨新正的《中国新闻通讯员简史》、张瑞的《清末民初新闻团体特色探析》、谭慧敏的《从黄远生的新闻思想与实践看民主记者的职业化倾向》、任薇的《从"有法"到"无法"——清末民初新闻法制思想的演变》、魏莉的《清末民初新闻自由思想刍议》、余玉的《清末民初新闻团体争取言论自由的历史轨迹》、杨晓萌的《从民国暂行报律风波论新闻的绝对自由》、李统兴的《清末民初报刊职业道德失范的原因》等。

（二）新闻管理的具体举措研究

一是专门的史料整理。中国第二历史档案馆编《中华民国史档案资料汇编》（第一、二辑），权威记载有辛亥革命及南京临时政府时期的相关史料，在民初政府建制记载中，有南京临时政府的行政机构具体设置及人员安排内容，由此可探寻彼时新闻事业管理的机构和人员，以及这部分内容在整个政府管理体系中所占的比重，进而分析出新闻事业管理在南京临时政府运作过程中的地位和影响。在其法律体系及内容的记载中，可找见《临时约法》全文，从而确认南京临时政府"言论自由"的新闻管理基调。在中国第二历史档案馆南京临时政府档案卷宗《内务部稿》等资料中，与新闻事业管理相关的内容甚少，但对于临时政府的整体运转如财政收支、军队部署等有详细记载，这对全面把握南京临时政府行政理念及行政能力提供了重要支撑，也能够更为客观地分析南京临时政府的施政目标，即对新闻事业的发展期许。刘萍、李学通主编的《辛亥革命资料选编》（第四卷下册）中有民国临时政府发布的《临时政府公报》全集，记录了南京临时政府处理的电文、信件、发布的政策等政府工作内容，在对该时期官方新闻宣传相关资料进行全面整理的同时，也是研究南京临时政府运转状况的重要一手资料。其中对于新闻管理所做出的相关决议，如《暂行报律》的颁布及撤销、邮费减免的政令、孙中山与报界对话的相关电报等，都是研究分析南京临时政府新闻管理体制的重要内容。

二是通史中对南京临时政府行政管理进行记载收录的史料。从中可以梳理出南京临时政府在新闻管理方面的内容及当时新闻发展整体状况。李新主编的《中华民国史》（第一卷上、下）、《中华民国史》（第二卷上、下）在"中华民国的创立和南京临时政府统治时期"中，对民国初期的重大历史事件做出记录，梳理出民国初期社会各方面的状况，并选取民国年间各领域主要历史人物代表，撰写人物小传。其中包括在南京临时政府新闻事业管理中有重要影响的代表人物，如孙中山、居正、陈其美等。韩信夫、姜克夫主编的《中华民国史大事记》（第一卷 1905~1915）则以时间为线索，详细记录了南京临时政府时期每一天发生的重大事件。《中华民国实录》中有详细的民国社会方方面面的数据统计分析，其中包括南京临时政府时期报刊增发数量、电台分布情况等，为民初新闻事业发展状况的研究提供了数据分析和支撑。《中华民国建国史》以台湾编撰者的视角记录了民国初年的社会实录，从中可以探寻民初新闻事业发展及其管理的轨迹。

三是专类研究中的史料修订整理及阐释。倪延年所著的《中国报刊法制发展史》（史料卷），将南京临时政府时期新闻发展中的法制史料提炼整理了出来。黄瑚著的《中国近代新闻法制史论》第一部分考察了南京临时政府时期新闻法制的历史演变。《南京临时政府军制初探》[①]《南京临时政府警政探究》[②] 等文章研究了南京临时政府行政管理体制中占重要地位的军政、警政制度内容，其中包括新闻管理措施的具体内容。另外，卢家银[③]、杨晓萌[④]、钱晓文[⑤]等学者则就"暂行报律"风波进行了剖析。

（三）人物新闻思想研究

田晓青主编的《民国思潮读本》中收录了孙中山、章士钊等民国初年对新闻事业发展有重要影响的人物思想论集文选，其中《民报发刊词》《毁党造党论》等，都充分体现了相关历史人物对于新闻管理的态度理念。杨天石、陈夏红编著的《孙中山答记者问》及《孙中山演讲录》，将孙中山在采访演讲中所谈的内容进行了整理，其中对于报界言论规范的观点表达，也代表了南京临时政府对于新闻管理的基本态度。李曦珍、胡辰、李丹超在《孙中山舆论宣传中的国民认同思想》[⑥]、倪延年在《论孙中山先生的新闻民主和法制思想》[⑦]、骆宝善在《辛亥革命初期的新闻传媒与孙中山》[⑧] 等文章从不同角度考察了孙中山的新闻发展思想。郑连根的《新闻

---

① 茅海建：《南京临时政府军制初探》，《军事历史研究》1989 年第 2 期。
② 许彩俊：《南京临时政府警政探究》，《改革与开放》2010 年第 12 期。
③ 卢家银：《民初报界抵制报律的深层原因分析——以〈暂行报律〉事件为中心》，《国际新闻界》2009 年第 3 期。
④ 杨晓萌：《从民国暂行报律风波论新闻的绝对自由》，《今传媒》2012 年第 2 期。
⑤ 钱晓文：《民国初年〈暂行报律〉风波中报界与临时政府关系探析》，《新闻界》2014 年第 20 期。
⑥ 李曦珍、胡辰、李丹超：《孙中山舆论宣传中的国民认同思想》，《西南民族大学学报》（人文社会科学版）2011 年第 12 期。
⑦ 倪延年：《论孙中山先生的新闻民主和法制思想》，《现代传播（中国传媒大学学报）》2011 年第 9 期。
⑧ 骆宝善：《辛亥革命初期的新闻传媒与孙中山》，《广东社会科学》1998 年第 1 期。

往事》、王坚的《民国狂士录》、李满星的《张季鸾与民国社会》、徐铸成的《报人张季鸾先生传》《报海旧闻》、散木的《乱世飘萍：邵飘萍和他的时代》等著作则以回忆录或传记的形式，还原了民初报人的真实生活。李日的《章士钊新闻理论与实践研究》①、段宗明的《民初新闻记者邵飘萍的政论特色及其形成原因》②、李晨光的《民初记者黄远生研究综述》③ 等文章则从新闻人的新闻实践出发，阐述其对民初新闻事业发展的影响。此外，民国时期也有许多关于当时新闻人的论述，如云彬的《民初名记者黄远生》、张啸虎的《从梁启超到张季鸾》（上、下）、桐香的《政论时代的名记者》、程家骐的《论梁启超黄远庸张季鸾三报人》等。

（四）新闻法制类研究

新闻法制是新闻管理的重中之重，穆中杰的《继受与转型：民国初年的新闻法制》④ 对民初新闻法制建树进行了基本梳理，并从法理学视角分析论证其合理性。倪延年的《论中国社会近代化进程中新闻法制嬗变的历程和标志》⑤ 则从历史发展的视角对中国社会新闻法制做出探究。穆中杰的《晚清新闻法制的诞生及其社会影响》⑥、张晓锋的《英国殖民统治时期香港地区新闻法制的历史考察》⑦《日本殖民统治时期台湾地区新闻法制的历史考察》⑧、李钦的《从自然权利到制度权利——透视西方新闻法中自由观念的演进》⑨、彭桂兵的《汉密尔顿与出版自由：新闻法制史的考察——

---

① 李日：《章士钊新闻理论与实践研究》，湖南师范大学，博士学位论文，2003。
② 段宗明：《民初新闻记者邵飘萍的政论特色及其形成原因》，《广西社会科学》2005年第3期。
③ 李晨光：《民初记者黄远生研究综述》，《新闻世界》2013年第7期。
④ 穆中杰：《继受与转型：民国初年的新闻法制》，《新闻爱好者》2011年第4期。
⑤ 倪延年：《论中国社会近代化进程中新闻法制嬗变的历程和标志》，《现代传播（中国传媒大学学报）》2012年第7期。
⑥ 穆中杰：《晚清新闻法制的诞生及其社会影响》，《新闻爱好者》2011年第2期。
⑦ 张晓锋：《英国殖民统治时期香港地区新闻法制的历史考察》，《新闻与传播研究》2011年第4期。
⑧ 张晓锋：《日本殖民统治时期台湾地区新闻法制的历史考察》，《江海学刊》2012年第6期。
⑨ 李钦：《从自然权利到制度权利——透视西方新闻法中自由观念的演进》，《当代传播》2002年第1期。

兼对"二元对立"框架生成的反思》① 等文章，介绍了特定历史时期、地域范围内的新闻法制建设状况。

（五）国外的相关研究

费正清编的《剑桥中华民国史》（上、下卷）跳出中国这个地域看待民国初年的历史问题。费正清、刘广京编的《剑桥中国晚清史》（上、下卷），则对晚清社会的研究划分为经济、文化等不同板块，来深入观察，其中涉及部分报刊等与新闻发展有关的内容。菊池秀明的《末代王朝与近代中国：清末中华民国》认为，"近代中国是中国历史上第一次从南方开始复兴之路的时代"，尝试剪影太平天国至抗日战争之前这一段"中华复兴"历史。

综上可见，首先，相对晚清民国其他时段的研究成果，南京临时政府时期的新闻管理体制及运行机制还是以宏观概述为主，专门性论著还较为少见。地方性文件档案价值尚未被充分认识，这也直接导致现有研究在史料挖掘上难以突破，一些研究存在"以论带史"的倾向。其次，就研究角度而言，不少个案研究习惯于将研究对象从具体时空抽离出来，就某些问题做简单化的论述，无形中割裂了其中复杂的历史联系，难以如实反映相关问题所蕴含的意义。最后，研究立足新闻学的视角，与法制史、管理学、政治学等学科的关联相对稍弱。

三　概念界定

本书旨在研究南京临时政府时期的新闻管理体制，此研究对象并不是一个相对独立的存在，它散落于律文、政府行政命令、信件电文和一些具体行政行为中，需要抽丝剥茧，将这些要素提炼出来并拼接出其原有的模样。

---

① 彭桂兵：《汉密尔顿与出版自由：新闻法制史的考察——兼对"二元对立"框架生成的反思》，《国际新闻界》2016 年第 8 期。

南京临时政府时期的新闻管理体制

"南京临时政府"在中国近代史上是有特定的历史概念界定的。首先在时间范围方面，对从 1912 年 1 月 1 日孙中山宣布成立南京临时政府起，至 3 月 12 日孙中山宣布该政府解散，有着非常明确的时间规定。但一直到 4 月 1 日，政府才迁往北京，政权统归袁世凯。同时，记录南京临时政府日常工作内容的《南京临时政府公报》一直出至 4 月 5 日，共 58 期，侧面说明在 3 月 12 日~4 月 5 日期间，南京临时政府仍然在运转。因此，本文的研究在尊重固定时间范畴的同时，也充分考虑南京临时政府的实际运转状况。在一些史料分析尤其是南京临时政府的一些具体的举措实施方面，对南京临时政府存续期间以其为主体制定实施的也予明确。部分管理影响和效果类分析，适当扩大了时间范围。"孙中山领导在南京创立'中华民国临时政府'并就任'中华民国临时大总统'，标志着中国历史进入'中华民国时期'。在袁世凯迫使清帝退位并发表通电承认'共和为最良政体'和'永不使君主政体再行于中国'后，孙中山宣布辞去'临时大总统'并推荐袁世凯接任。经南京临时政府参议院投票选举，袁世凯成为第二任'中华民国临时大总统'。"① 虽然袁世凯为南京临时政府参议院选举而成为临时大总统，但是自政权由其接手后，更多的是受其意志掌控，南京临时政府的政治体制和理念，对其已无力约束。因此，本文将时间场域划至南京临时政府停止运转的时期，不囊括袁世凯时期。"我们赞成以'自由新闻体制'为特征的'民国新闻事业'正式问世，以'中华民国临时政府'成立为标志。因为只有'中华民国临时政府'的成立才标志着中国新闻史进入'中华民国新闻史'时期。但不认为'民国新闻事业起源于民国成立之时'。因为伴随'中华民国临时政府'诞生的'中华民国新闻事业'，不是到'中华民国临时政府成立'时才突然产生的，而是经历了'十月怀胎'，到'中华民国临时政府'成立时才呱呱落地。"②

---

① 倪延年：《论民国新闻事业的起源、发展历程及历史评价问题》，《现代传播（中国传媒大学学报）》2015 年第 8 期。
② 倪延年：《论民国新闻事业的起源、发展历程及历史评价问题》，《现代传播（中国传媒大学学报）》2015 年第 8 期。

其次在地域范围方面，则需要分时段来看。"革命与建国并不仅仅是政治事件，更是旧有的法律规范体系终结与新的法律规范体系创生的法律事件。从君主主权走向人民主权的过渡，以及相应的主权代表结构的出现，都需要进行细致的法律分析。……南方革命者的言辞与行动，并不能完整建立起民国与清王朝必要的主权连续性。经过南北方的磋商，皇帝颁布逊位诏书，将统治权'归诸全国'，并指定袁世凯为临时共和政府的组织者；其次，袁世凯被南京临时参议院选为临时大总统，从而建立起统一的临时共和政府。"① 清帝退位前，南京临时政府并不能自然地继承清廷的国家政治统治者地位，且其时辖区域仅限同盟会革命派掌控的南方各省，因此清廷及袁世凯集团所掌握的北方省份则不在此范围内。及至清帝退位，袁世凯通电赞成共和，此时国家的法律主体地位才正式转移至南京临时政府。此时，南京临时政府名义上来说，是全国唯一合法的政府，其管辖领域则为全国。

本书所指"新闻事业"，是在南京临时政府存续并实际运行期间，一切与信息公开发布和传播相关的活动，彼时，最重要的组成部分是新闻报纸业。"新闻管理"是指以政府为主体，以国家强制力为保障，有效运用法律、行政命令等形式，调整规范新闻事业运转的过程。从管理学角度来讲，"体制"一词指的是国家机关、企事业单位的机构设置和管理权限划分及其相应关系的制度。有关组织形式的制度，限于上下之间有层级关系的国家机关、企事业单位。南京临时政府时期"新闻管理体制"的建立主体为民国南京临时政府。

四　研究内容和目标

（一）总体框架

本书以中国近代社会变迁和中西文化交流与碰撞为基本视角，对南京

---

① 章永乐著《旧邦新造：1911~1917》，北京大学出版社，2011，第51页。

临时政府时期新闻管理体制的产生、形式、内容及其运行机制等进行深入考察。

第一章主要分析了南京临时政府新闻管理体制产生的时代背景，对西方文化对中国新闻业的推动作用进行考察，对晚清社会尤其是清末新闻管理举措进行梳理，对辛亥革命期间新闻业发展状况进行分析，进而把握民国初期的时代发展脉络。

第二章对南京临时政府新闻管理体制的思想内涵进行分析，探索近代国人对西方新闻管理思想的接受和能动改造的实践，考察民国初年新闻管理体制的形成与发展内涵。

第三章具体分析了南京临时政府新闻管理体制的运行机制。从这一时期新闻管理体制的建构及运行两个方面加以具体剖析。前一部分主要从新闻管理机构设置、新闻管理法律法规制定加以考察；后一部分则从刊发官报、记者沟通及法律救济等角度进行了分析。

第四章从对新闻事业发展贡献及局限的角度对南京临时政府新闻管理体制进行了评价。

结语部分则对南京临时政府新闻管理实践展开反思，探索如何把握管理与新闻事业发展之间的关系和碰撞力度。

（二）主要目标

本书意欲主要解决三个问题：首先，在全新的政治格局之下，南京临时政府是如何通过政策法规的制定与执行来确立基本的新闻管理体制的。这种体制的确立与运行，又是如何宣传资产阶级民主观念，促进民国初年新闻事业发展的。其次，南京临时政府新闻管理体制建立与运行过程中，政府、新闻业及民众三方就新闻自由与新闻法制如何展开博弈的，进而探究其对此后民国政府新闻出版法律体系的形成所产生的影响。最后，晚清民初的政治人物，都认识到舆论控制的重要性。那么在当时的政治思潮、现实的政治需要及传统观念碰撞下，以孙中山为首的革命党人的个人意志是如何渗透到新闻事业管理体制的确立及运行之中的。

通过对南京临时政府新闻管理内容的梳理，再现其管理模式和管理体制，以期对南京临时政府新闻管理的方方面面做一个整体的把握。进而考察南京临时政府时期新闻管理体制的历史逻辑与理论逻辑，反思南京临时政府时期新闻管理体制，为现代社会新闻管理提供有益的历史借鉴。

五　研究思路和方法

（一）研究思路

民国初年是一个政局复杂多变的时代，要重现这段时期新闻管理体制及运行机制。

第一，广泛阅读史学文献，理清南京临时政府关于新闻管理方面的内政外交政策。将可考的制度措施等列举出来，包括政府监管机构的设置及权限，监管法律、政策和措施等。

第二，查询《申报》等民国初期主要报纸，从新闻实践角度来考察当时新闻管理体制之下新闻事业的发展。

第三，查询相关法律史资料，将与新闻事业发展有关的司法案例进行整理，并从中探究当时新闻监管的司法状况。如具体案件执行的依据、程序及结果等。

第四，充分利用当事人的回忆录、文集、年谱以及相关的档案资料，以揭示新闻管理体制确立及运行的动机与策略。

第五，借鉴晚清时期的新闻史研究成果，吸收现有政治学有关政党政治和政治传播学的理论，尽量做到从史实的内在联系出发，避免先入为主，把研究建立在史实与逻辑结合的基础上。

第六，对南京临时政府的新闻管理体制做出一个客观公正的评价，以期为后世带来更多的思考。

（二）研究方法

1. 文本分析法：作为历史研究，本书以史料梳理和分析为主，最重要的一部分是基础的史料搜集工作。同时，综合运用历史、法学、管理学等学科的理论、方法和成果从整体上对选题进行研究，以期从不同的角度来深入考察南京临时政府新闻管理体制这一现象。

2. 规范与实证方法相结合：力图对南京临时政府时期从中央到地方的新闻管理法制作较为系统深入的法理学的剖析。以法律文本为准，对该时期的整个新闻管理法律体系作详细的梳理，就体系内部和各法律法规之间的逻辑关联进行学理分析。同时，结合执法实践中法律的具体运用及效果的实证分析，以期达到动态、全面的考察。

六　创新及意义

（一）研究对象的创新：由于南京临时政府存续时间短，史料较少，目前学界以此为研究对象的成果较为稀少，多是在其他研究中对此略有提及，尚未有综合性专题研究。本书研究力图填补这一空白。

（二）研究理论与方法的创新：本书从政治学、管理学、法学等不同角度予以观察南京临时政府时期的新闻管理体制，并运用不同学科知识对其加以分析探究。运用新文化史的研究方法，将该时期主要人物阅历和思想等因素与新闻管理体制研究相结合，从另一个侧面去解释其形成的原因及意欲达成的管理目标。分析历史进程中的偶然性因素，如情感和个性的作用等，力图挖掘研究对象的深层次内涵。同时，对南京临时政府时期从中央到地方的新闻管理法制作较为系统深入的剖析，就体系内部和各法律规范之间的逻辑关联进行学理分析，并考察执法实践中法律的具体运用及效果。与法学学科交叉的内容主要包括以下几方面。

1. 南京临时政府的法统分析。即南京临时政府的成立，是否能够自动成为中国的合法政府，也就是分析其作为行政主体的资格。这是本研究得以开展的一个重要逻辑前提。只有分析出南京临时政府的行政主体资格确立的具体情况，才能对其所面临的国内外政治环境进行客观分析，从而继续做出具体的内容研究，以法律继承和移植的原理来探索南京临时政府时期新闻法律创建及适用的情况，并进行效力评价。

2. 南京临时政府新闻管理法律的分析。对南京临时政府所采取的具有法律法令性质的新闻管理措施进行分析。此部分着重梳理相关法律法令的文本及效力层次。根据大陆法系国家法律效力层次划分的一般标准来看，南京临时政府时期的新闻管理法律的效力层次由高到低为：宪法性文件（《中华民国临时约法》）、行政法规（《暂行报律》）、地方性法规（各地相关法律性文件）。经此梳理，第一，可将南京临时政府的新闻管理法制体系逐步还原，并呈现一定的系统性。第二，从法律的角度予以分析评价。不同层级的法律对人、对事及空间、时间效力是有严格界限的，只有遵守上位法与下位法之间的逻辑关系，才能构建起合理的新闻法制体系并实现正常运转。反观南京临时政府时期的新闻法制实践，处于第一等级的《中华民国临时约法》对下位法尤其是地方性法规的约束力却比较有限，造成了一定的法律适用混乱，也对南京临时政府新闻管理的成效构成严重影响。

3. 具体的法律适用分析，即判例分析。如上海公共租界巡捕房以"任意毁谤"的罪名，出票拘捕该报主笔戴天仇到公共租界会审公廨受讯，并进行审判，其审判结果不仅是法律适用的结果，更是一种法律创制的形式（判例法）。又比如陈炯明以军法处置陈听香等人的案例。从具体的判例中，将法律事实、法律适用条款及法律适用结果进行梳理，可以看出彼时在新闻管理过程中，法律的适用范围（审判依据）、形式及后果，从而反推出南京临时政府新闻法制体系的运转状况。

（三）学术价值和应用价值

首先，辛亥革命推倒了危如累卵的清王朝，南京临时政府匆忙成立。前有封建顽固势力的反扑，后有西方列强的虎视眈眈。南京临时政府如何应对变革，构建起一套体制架构，以维护革命成果，巩固民主政权，具有重要的时代意义。

其次，研究民国初年的"新闻制度引进"的成败得失，探讨中国新闻传播制度建设的文化土壤和可能路径。南京临时政府成立后，本就存在的革命道路分歧愈发明显，各项建制并不能稳定推进，即便有着先进的政治理念，亦无法贯彻落实。南京临时政府试图建立一个自由新闻体制，然而事实并不尽如人意，过度的自由为报界发展带来了机遇，同时也埋下隐患。人类发展的历史长河中，每一个得以长久维持的社会秩序，都需要合理适度的监管，新闻亦是如此。

最后，拓宽中国新闻史研究的边界，丰富中国新闻史研究的内涵。南京临时政府由于存续时间较短，史料相对稀少，无论是史学还是新闻学方面，以这一时期新闻管理体制为研究对象的并不多，仅有的研究成果也比较分散，并没有体系可言。本书力争从不同角度观察南京临时政府时期的新闻管理体制，并对其加以分析探究。

第一章　南京临时政府新闻管理体制产生的时代背景

晚清时期，民族危机日益加深，清政府为维持专制统治，媚外祸内，生灵涂炭。资产阶级的革命激情日益高涨，各地革命活动此起彼伏。百日维新的失败，俨然不能阻止社会变革的时代潮流，救亡图存的呼声响彻全国。西方文化的渗透下，革命思想传播迅猛，形式多样。彼时各地报馆林立，多以针砭时弊、唤醒民智为己任。清政府严格控制各界言论，对报纸进行打压抑制。及至武昌起义，清帝退位，清王朝统治结束，来自封建势力的言论管控势力瞬间崩塌。

第一节　西方文化的渗透：中国近代新闻事业起步

鸦片战争之前，"闭关锁国"是中国外交政策的关键词，这一政策在维护统治者心目中所谓"国泰民安"的同时，使中国"与世隔绝"二百多年。在这二百多年中，西方世界发展突飞猛进，中国社会犹如死水一潭，偶有涟漪，却掀不起半点风浪。1848年，英国舰队的一声炮响，打破了这份沉寂。坚船利炮带来的不仅仅是毁损和掠夺，还有西方先进的技术、思想，激起了有识之士对于国家存亡的思考。如果说轰开中国大门是列强的炮弹，那么，开启中国民智的则是近代报刊。

一　西方传教士开启中国近代报刊之门

中世纪西方国家多为政教合一体制，宗教的地位和作用可见一斑。

传教士在国内颇受尊重，并且载负着走出国门、宣扬本国文化思想的使命。西方传教士最先引进了近代报刊。西方传教士在进入中国后，利用报刊等方式将"福音"传播给中国人。起先，这些行为并未得到中国政府的许可，传教活动在民间传播发展。随着传教活动的深入，其传播范围逐渐由点到点发展转为点到面，累积了越来越多的受众。在华传教士除了教义宣传之外，还进行科普知识、海外时闻及最新形势等的内容传播。

教众的数量可以衡量西方传教活动在中国社会发展的纵深程度，也从某种意义上反映了此时信息传播的受众规模。鸦片战争之后，随着一系列不平等条约的签订，传教士在中国境内获得了更多的行动自由，传教活动也得以急剧发展。1844 年 10 月，清政府与法国签订了《黄埔条约》。11月，清政府又在法国的胁迫下，同意取消对天主教的禁令，准许他们在各通商口岸自由传教。1858 年 6 月，中俄、中英、中法、中美《天津条约》相继签订，规定："英、法等国人可往内地游历、通商、自由传教。"中国基督徒的数量迅速增长。

中国地大物博，人口众多，传教士逐渐认识到，传统的传播方式无法满足他们的野心，同时，流动的传教方式并不能让教义在普通民众心中扎根。他们急切地寻求一种得以广泛传播并且固化教义内容的东西，于是他们将报刊这种传播形式引入中国。在中国出版的第一份天主教期刊是由上海耶稣会会士 1872年创刊的《气象公告》（*Bulletin Des Observations Meteorologiques*）。传教士开了中国近代报刊创办的先河，报刊内容除神学外，科学、哲学、政治均有涉及，形式有期刊、月刊甚至旬刊等。"早期的天主教传教士，尤其是耶稣会会士都是印刷方面的专家。他们开始出版宗教文献，旨在传播其宗教思想。除了宗教活动，他们还是第一批把西方科学和工业技术介绍到中国来的外国人。"[1]

耶稣会会士伯纳德·阿伦斯（Bernard Arens）曾对天主教报刊做过一

---

[1] 罗文达著《在华天主教报刊》，王海译，暨南大学出版社，2013，第 8 页。

份较为详细的调查，勾勒出天主教报刊的发展历程，其中便有天主教报刊在中国的发展轨迹。1877 年，由大主教雷梦迪（Raimondi）创办的《香港天主教记录报》（*The Hongkong Catholic Register*），主要报道中国香港、中国内地和日本新闻，持续出版到 1889 年。中国近代报刊始现后，便有多种同类刊物相继出现，在保守的中国土地上掀起一阵新风。

（一）在华传教士报刊内容不断调整

西方传教士创办近代报刊的初衷是便于更好地开展传教活动。鉴于他们之前遇到的困难，他们更加注重教众的感受和需要。因此，这些报刊的内容一直在调整以迎合华人需求，从单纯的天主教事务发展为多方面的综合报道，扩大了受众群，从而使近代报刊这种传播形式得以推广。

（二）在华传教士报刊出版地域分布相对集中

上海、北平、天津是在华传教士报刊出版发行的主要地区。北平是清廷的政治核心地域，阅报的读者多为达官贵人，而上海和天津则是由于其地理优势和开放程度，逐渐成为人口汇集、商业繁华的地区，报刊事业自然也就比其他地方更为繁盛。及至民国初年，这三个地区仍然是中国近代新闻事业的核心地区。

（三）在华传教士报刊的发展宗旨

传教士耗费精力去发展报刊事业是为了将西方的文化引入中国，以期让更多的中国人去理解、接受，这是西方资本主义国家的另一种坚船利炮。因此，传教士的报刊在传播发行中，更会规避政治风险，避免不必要的损失，以影响西方世界对于入侵中国的整体布局。

（四）早期对在华传教士报刊的管理

彼时中国政府在新闻管理方面并没有专门的规章制度，同时对于传教士这一特殊人群也颇为忌惮。因此，除极端情况外，中国政府的管理力度有限，传教士的办报活动，更多由其所属教会对其进行约束。教会有自己的新闻审查制度，与教义相悖、与道德相悖等可能引发统治者或者人民对教会抵触的内容将被施以禁令。在此基础之上，创刊者均自觉遵守规定，以利自家报纸在教会允许范围内继续扩张，在某种程度上也避免了与中国政府的一些冲突。虽然无法证明这对后来的中国新闻审查制度有多大影响，但对后人肯定有某些启发作用。

由于政策宽松式变化及受众群体的增加，天主教在华报刊从数量、内容丰富性、受众多样化等各个方面都得到了飞跃式提升。天主教报刊并没有太过强调政治意识形态方面的宣传，尽量远离政治，是其得以在中国存续并发展的重要原因之一。其对于中国近代报刊发展的影响主要在报刊本身的生存形态，例如办报形式和办报技术等，而非报刊所承载的实质性内容。

二 外媒本土化促进中国近代新闻业的发展

中国近代报业自教会报刊起，教会报刊却并非西人在华报刊的全部。除教会报刊以外，西人还有很多商业报刊在中国落地生根。随着时间的推移，这类报刊逐渐培养出一批中国本土的报人。

（一）外报对于中国报人的培养

自传教士起，西方国家在中国境内发行了很多报刊，"随着对华贸易的不断扩大和华商数量的增多，用中文出版的商业报纸亦应运而生。英文《孖剌报》附设的《香港船头货价纸》，是第一份中文商业报纸。该报以香港各铺户为发行对象，内容如其报名所示，以船期、物价、行情、广告等商业信息为主。不久后易名为《香港中外新报》，新闻数量日渐增多，读者亦扩及一般市民。另一家英文报纸《德臣报》也出版了中文附页《中外新闻七日报》，后改名香港《华字日报》，成为综合性的商业报纸"。① 相

---

① 陈玉申编著《中国新闻史研究导引》，南京大学出版社，2015，第31页。

较于教会报刊，这些商业报刊更为中国读者所关注，其登载的信息对当时的市井百姓和华商而言十分必要。此类报刊开始多由外国人经营编辑管理，后期逐渐有中国人加入，担任主笔或其他经营管理职务。这批在外国人报馆中工作过的中国人中诞生了中国第一批报人。

1872 年 4 月 30 日《申报》在上海创刊（见图 1-1），报纸由英国商人美查同伍华特、普莱亚、麦洛基合资创办。美查是个中国通，深知在内容上符合中国读者口味的重要性，他任用华人主持报纸编务，做了很多本土化的尝试。对于刚刚接触新闻事业的中国人来说，能够进入外报的采编层，自是不可多得的学习机会。早前便有外报任用华人收集信息，称之为访员，甚至有人以此营生，可算作中国的记者雏形。《循环日报》的王韬也曾担任过香港《华字日报》主笔。在外国报馆积累的新闻实践经验，为这些报人日后所从事的新闻事业提供了很大的助力。

图 1-1　《申报》创刊号

（二）外国报刊对中国受众群体的培育

中国古代的传播形式较为单一，或口口相传，或书信互通等。教会报刊传入后，中国开始了近代报刊的探索之路。教会报刊带来了先进的办报理念和印刷技术，使更多的中国人能够接触到报纸。从清末到民初的几十年里，人们把《申报》当作报纸的同义语，把报纸统称作"申报"。报纸再也不是"邸报"那样神秘的存在，也不是"宫门钞"这种专属于京城民众的特权之物，也不是《京报》这种限于技术原因而无法大批量印刷的稀罕物。随着教会报纸对中国民众文化心理、欲望需求的日益了解，传教士办报活动表现出明显的中国化、本土化趋势，很多报刊从刊名的选择上便使用"世俗""益闻"等中国化字语，内容也越来越接近中国民众的普通生活。1850年，英国商人奚安门在上海创办英文报纸《北华捷报》。这家报馆在1861年又出版了面向华人社会的中文报纸《上海新报》。该报用大部分的版面发布各类商业信息，此外，还开辟"公堂案件""英华案件"等专栏，报道本埠的社会新闻。《申报》附设的《点石斋画报》，所绘内容多反映市井生活，颇受中国读者欢迎。这批读者，成为中国近代报刊的第一批受众，他们亲历了中国近代报刊从无到有的过程，也为后来中国近代新闻事业的发展奠定了群众基础。

西风东渐，中国的受众在被动中接受西方思想文化的冲击，逐渐走出封建思想禁锢，中国的新闻人在冲击中主动学习从事新闻事业的方式、理念和真谛，这些都是外国新闻出版对于中国新闻事业的助力，中国的近代新闻事业孕育于外国在华新闻出版事业。

三　领事裁判权——租界报业发展的双刃剑

领事裁判权是指一国通过驻外领事等对处于另一国领土内的本国国民根据其本国法律行使司法管辖权的制度，这是一种治外法权。按照国际通行规则，主权国家对于本国国土内的人和事享有司法管辖权，而领事裁判权显然是对一国国家属地优越权的例外或侵犯。自鸦片战争始，西方列强借战争之机与清政府签订了一系列不平等条约。西人在华领事裁判权的确立，给古老的中国带来了无法愈合的伤痛与深层次的政治文化影响。

（一）领事裁判权的发展历史

鸦片战争以前，中国封建王朝在处理涉外案件中一直遵循如下规则：

> 诸化外人，同类自相犯者，各依本俗法；异类相犯者，以法律论。[疏]议曰："化外人"，谓蕃夷之国，别立君长者，各有风俗，制法不同。其有同类自相犯者，须问本国之制，依其俗法断之。异类相犯者，若高丽之与百济相犯之类，皆以国家法律，论定刑名。[①]

"在华外人犯案，如果是同一个国家或种族的人互相之间有犯，则依照属人原则，按他们所在国家或种族的规矩处理，如果是不同国家的人之间有犯，则依照属地原则，按我国律法处理。上述规定在处理异域法律纠纷时是比较合理的，既没有欺压外人的意思，也维护了我国的司法主权，因此一直是我国奉行的国际私法准则。"[②] 鸦片战争后，中国战败，任人宰割，这个准则便无以为继，外人终于将觊觎已久的领事裁判权收归囊中。

早在 1840 年 2 月 20 日预拟的《对华条约草案》中，便附有《备忘录》，以备清廷拒绝割让香港时，英方能有其他"收获"。《备忘录》第 7 款规定：

> 为了在来华的不列颠臣民中维持良好的秩序并防止彼等与中国臣民之争执与冲突起见，不列颠监管官或总领事，经其本国命令后，得

① 长孙无忌等：《唐律疏议·名例》（卷第六 48 条），刘俊文点校，法律出版社，1998，第 144 页。
② 夏锦文主编《冲突与转型：近现代中国的法律变革》，中国人民大学出版社，2011，第 473 页。

自由设立法庭，制定管辖在华不列颠臣民之规章与条例。任何不列颠臣民之中国领土内犯有任何罪行，应受监管官或总领事为此目的所开设之法庭处理，如实属有罪，其惩处由不列颠当局执行之。不列颠在华臣民在一切诉讼中身为被告时，统由上述法庭审理。①

由于1842年8月签订的《南京条约》实现了中方割让香港的最大目的，因此彼时领事裁判权未得确立。

领事裁判权的确立，始于《中英五口通商章程及税则》和《中英五口通商附粘善后条款》（即《虎门条约》）。1843年7月22日签订的《中英五口通商章程及税则》规定：

凡英商秉告华民者，必先赴管事官处投票，候管事官先行查察谁是谁非，勉力劝息，使不成讼。间有华民赴英官处控告英人者，管事官均应听诉，一例劝息……其英人如何科罪，由英国议定章程、法律发给管事官照办。②

当时的适用范围仅限于五个通商口岸。而在同年10月8日签订的《虎门条约》中则规定：

倘有英人违背此条禁约，擅到内地远游者，不论系何品级，即听该地方民人捉拿，交英国管事官依情处罪，但该民人等不得擅自殴打伤害，致伤和好。③

其中"擅到内地远游者"，也要交"英国管事官依情处罪"，中国人

① 《英国外交部档案》，转引自严中平辑译《英国鸦片贩子策划鸦片战争的幕后活动》，《近代史资料》1958年第4期。
② 王铁崖编《中外旧约章汇编》（第1册），生活·读书·新知三联书店，1957，第42页。
③ 王铁崖编《中外旧约章汇编》（第1册），生活·读书·新知三联书店，1957，第35页。

"不得擅自殴打伤害，致伤和好"，便是将领事裁判权的范围扩大到五口之外的内地。西方帝国主义之间能够共享侵略利益，而中国的司法主权则进一步遭到破坏。1844年订立的中美《五口贸易章程》（即《望厦条约》）把领事裁判权的范围由五口进而扩大到各个港口城市。同时，不限于在中国的美国侨民与中国人之间，或美国侨民之间的民刑事案件要由美国领事审讯，甚至美国侨民与其他外国侨民在中国发生诉讼，"应听两造查照各本国所立条约办理，中国官员均不得过问"。此后，法国、俄国、德国、日本等近二十个国家也都援引英美先例，相继取得了此项特权。总之，依照不平等条约，不论中外混合案件或外国侨民之间的案件，或多国侨民之间的混合案件，根据所谓"被告主义原则"，都由被告到所属国的领事法院接受裁判。及至1906年，清廷在《大清刑事民事诉讼律》规定了"中外交涉案件处理规则"，确认"凡关涉外国人案件具依现行条约审讯"。外国人在中国犯罪，一律由其本国领事按该国的法律审理。显然，领事裁判权制度的确立及其在清末立法中的确认，为西方侵略者在中国开辟了实质上的"国中国"，此乃清王朝法律制度半殖民地化的一个重要标志。

（二）租界的由来及发展

《虎门条约》规定："在万年和约内言明，允准英人携眷赴广州、福州、厦门、宁波、上海五港口居住，不相欺侮，不加拘制。但中华地方官必须与英国管事官各就地方民情，议定于何地方，用何房屋或基地，系准英人租赁；其租价必照五港口之现在所值高低为准，务求平允，华民不许勒索，英商不许强租；英国管事官每年以英人或建屋若干间，或租屋若干所，通报地方官，转报立案；惟房屋之增减，视乎商人之多寡，而商人之多寡视乎贸易之衰旺，难以预订额数。"[①]

这便准许英人在五口租地造屋，永久居住。后来英国据此加以解释，于1845年在上海强迫清政府划定"租界"，各国相继效法，纷纷在通商口

---

① 王铁崖编《中外旧约章汇编》（第1册），生活·读书·新知三联书店，1957，第42页。

岸建立侵略据点。

随着清朝国势的日渐衰微，领事裁判权的适用范围逐渐扩大。1853 年 9 月，上海小刀会起义，攻陷上海县城，杀死上海知县袁祖德，活捉苏松太道吴惟彰，建立"大明国"。当时，有许多华人逃入租界避难，而清廷地方官无暇顾及租界事务，英、美、法三国驻上海领事便乘机修改了 1845 年上海道台宫慕久与英国首任驻上海领事巴富尔签订的《上海租地章程》，擅自另订《上海英美法租界地章程》，并根据章程在租界内成立了由外国领事直接控制的工部局和巡捕房，攫取了对于租界内纯属华人和无约国人的司法管辖权。此后又进一步确认："中国官厅对于居住租界内之华人行使管辖权时须先得外国领事同意。中国官厅的拘票非经过外国领事加签，不得拘捕租界内任何人。"如果说领事裁判权是国中国的重要标志，那么租界便成了真正的国中国。

（三）关于会审制度

1858 年第二次鸦片战争中，俄、美、英、法各国通过《天津条约》强行确定中国官员与外国领事的"会审制度"。对于中国人与外国侨民之间发生的争讼，在调解不成时，即由中国地方官与领事官"会同审断"，司法主权进一步沦丧。1864 年清廷与英、美、法三国驻上海领事协议在租界内设立会审公廨，并于 1868 年订立《上海洋泾浜设官会审章程》，依该《章程》规定，凡涉及外国人的案件，必须有该国领事官员参加会审；凡中国人与外国人之间的诉讼，若被告为有约国人，由其本国领事裁判，若被告为无约国人，也必须由其本国领事陪审。甚至租界内纯中国人之间的诉讼案件最终也须外国领事会审并操纵判决。至此，清廷对于上海滩上的司法管辖权，已经所剩无几。名为"会审"，实则会审公廨完全为外国领事一手把持，华官并无任何权威，全凭外国领事任意断案。"以致出现了'外人不受中国之刑章，而华人反就外国之裁判'的反常现象。"[1]

---

[1] 夏锦文主编《冲突与转型：近现代中国的法律变革》，中国人民大学出版社，2011，第 475 页。

上海公共租界会审公廨便是轰动中外的"苏报"案审理机关。此前，因为《苏报》言论激进，早已成为清廷心腹大患，但碍于其在租界，清廷一直无从逮捕相关人员。1903 年 6 月 29 日，经过多次密谋，在清王朝的要求下，租界工部局终于发出对章太炎、邹容等人的拘票。从章太炎、邹容被捕之日起，清王朝就为引渡他们而与租界展开了一场马拉松式的艰难交涉，在舆论声浪中，工部局也不曾应允。7 月 15 日，上海租界会审公廨第一次会审"苏报案"。在清廷司法系统里，会审公廨按理是清王朝在租界设立的最基层的一个法庭，然而实际上外国享有领事裁判权，清廷却无法在这小小的公堂中行使实际审判权。清政府作为原告，在自己的基层法庭起诉本该由其管辖的中国人。而清廷视为"死罪"的"妖言惑众""大不敬"，在租界当局看来，都在言论自由的范围内，是公民的权利。即便再退一步，他们也属于"国事犯"，即"政治犯"，按国际惯例也应该保护。清政府拿人无门，便向各国公使求助，意大利公使言："此系公罪，而报章之言论自由久已准行于租界，无俟上海道之干预也。"① 因此，会审公廨的判决可想而知，与清廷所期相差甚远。除了中西方文化冲突以外，更重要的是工部局拒绝清廷插手租界事务，影响外人的权利。"外人在租界一日即有一日应得之权利，中国人在租界一日即有一日应受外人保护之权利，而华官固不得过问也。"②

领事裁判权、租界、会审制度，每一个因素都表明，在中国的某些地域，清政府的国家强制力已经无能为力，而恰好是这些地方，为"大逆不道"的中国近代报刊的发展提供了一席偏安之地。中国近代报刊十之八九诞生于各个租界，以上海为例：在上海最明显的就是宝安里和望平街。"最早在望平街办报的是《申报》馆，1872 年开办者山东路 197 号。1882 年 9 月，迁至三马路大礼拜堂南首汉口路 18 号。1893 年《新闻报》馆开

①　张篁溪：《苏报案实录》，载于中国史学会编《辛亥革命》（第一册），上海人民出版社，1957，第 377 页。
②　张篁溪：《苏报案实录》，载于中国史学会编《辛亥革命》（第一册），上海人民出版社，1957，第 380 页。

业，馆址山东路 162 号。1899 年《中外日报》也迁入望平街。1907 年 5 月，《申报》馆迁回望平街 163 号，这时望平街在报业上才稍成气候。"上海日报公会和书业公所所在地广西路宝安里小花园则是另一番景象："1907 年到 1908 年这里先后出版的报刊有《笑林报》《花世界》《上海》日刊、《风月报》《国华报》《阳秋报》以及《官商日报》《娜嬛杂志》《医学报》《国魂报》《浦东同人会报》《春申报》等十余家，1910 年又办起了《天铎报》。"①

"清末民初上海报馆云集的'报窟'，主要在英租界的宝安里和望平街一带。宝安里率先兴起，因其与游人如织、茶馆累累的小花园相邻，'屋宇轩敞，几窗明净，小有花木之胜，自来报馆之僦居于其中者不可以缕指计'。除了《笑林报》《风月报》这样的小报外，于右任清末在上海'竖三民'，其中最早创办的《民呼报》便发轫于此。"租界的报馆虽然得以免受清廷的压制，但是也难免受租界工部局的管控。相对于清廷的疯狂打压，在租界显然环境更为宽松。"在上海光复之前，宝安里'报窟'便因为屡遭租界巡捕房查封而逐渐没落。继之而起的望平街，虽然街道狭窄，人流混杂，但因为地理位置极佳，吸引了《时事新报》《时报》《新闻报》和《申报》这四大报相继入驻，可谓极一时之盛：'今日者过望平街，一带报馆鳞次栉比，每晨曦初上，报贩肩摩毂击，纷至沓来，胜于宝安里远矣'。"②

（四）领事裁判权对于中国近代报刊的影响

于国而言，领事裁判权极大地损害了一国司法主权，然而，中国近代报刊却在其"庇佑"下，得以发展起来，这是近代中国畸形社会的缩影。领事裁判权并非真正"庇佑"主张进步、宣扬革命的报纸、报人，而是外国侵略者肆意侵害中国人民的生命财产、镇压中国人民革命运动的工具。无论是"领事裁判权"还是"租界"或是"会审公廨"，都只是西方侵略

---

① 马光仁主编《上海新闻史》（1850~1949），复旦大学出版社，2014，第 393~384 页。
② 颜浩著《民国元年：历史与文学中的日常生活》，陕西人民出版社，2012，第 95 页。

者用来维护其在华利益的手段。这也揭示了西方侵略者之所以容忍进步报刊在其掌控范围内存续发展的原因，乃是助其宣扬西方思想文化价值观，瓦解中国根深蒂固的封建思维，动摇清廷根基，分化中国社会，从而巩固其在华既得利益。邹容、章太炎虽逃过清廷的诛杀，但依旧被关入租界监狱"西牢"。会审公廨组织额外公堂审讯章、邹，最后判处章太炎三年监禁，邹容两年监禁，他们在西牢内屡遭非法拷打，备受非人待遇。章太炎以切身经历揭露了西牢的黑暗，使人"咋舌眦裂"，"同系五百人一岁死者百六十人"。邹容更是因在西牢监禁期间被残酷折磨而失去了年轻的生命。在这种夹缝中生存下来的近代报刊，也必然有其先天之不足。

第二节　进步思想的宣传兴起：传统与现代的激烈碰撞

19世纪中后期，随着中国社会的急剧变化，中国的有识之士日益觉醒，救亡图存的努力从未间断，"公车上书"更是将国人自强御辱的信念上达天听。报刊已不仅仅是传教士的传教工具，更是进步人士抒发己见、唤醒国人的利器。从郑观应、王韬到康有为、梁启超，从"维新变法"到"辛亥革命"，报刊作为言论斗争的工具备受重视。进步人士用它来宣传思想、鼓舞人心、壮大力量。

一　早期维新派——借助报刊看世界

中国自给自足的小农经济削弱了人们对交流的需求，只知朝廷，不知化外。意识到中国人的闭塞自大，早期的西学倡导者均不遗余力地进行宣传，先有魏源、林则徐呼吁"开眼看世界"，后冯桂芬在《校邠庐抗议》一书中，认为"中国有五个方面'不如夷'：'人无弃材不如夷'、'地无遗利不如夷'、'君民不隔不如夷'、'名实必符不如夷'、'船坚炮利不如夷'"。[①] 另有郭嵩焘"在谴责自强运动的局限性同时，他公开承认西方独

---

① 李滨著《中国近代报刊角色观念的发展和演变》，岳麓书社，2011，第37页。

特的历史、良好的政治体制和道德学说，并积极敦促李鸿章接受西方的教育体制、政治体制、法学和经济学"。①

中国人开眼看世界，从始知有外国，到研习地理、见识武力，逐步了解政治、历史等文化内涵。有识之士认识到，中国的挨打源于落后，落后源于闭塞，闭塞源于自大。要想改变被侵犯的命运，必须向西方学习，必须进行社会改革。然而"盖地球之大，生齿繁矣，疆域广矣。其间良歹殊情、安危异势、缓急异宜、动静之微、得失之机，虽有远见者亦不能驰域外之观"。② 更是说明了以一人之力很难广见闻、通上下，须得借助外力，而这个外力，就是近代的报刊。

落榜秀才王韬初办《循环日报》，同时将自己在欧洲的见闻予以传播，辅之以自己的立场评论。这是中国第一份华人出资、华人自办的华文报。王韬试图以《循环日报》为苦难中的中国人送去良药，期冀着这份刊物能够"人仰之几如泰山北斗"。"邵作舟在其《危言·纲纪》篇中记述了当时'西学大兴'的情形：'道光、咸丰以来，中国再败于泰西，使节四出，交聘于外。士大夫之好时务者，观其号令约束之明、百工杂艺之巧、水陆武备之精、贸易转输之盛，反顾赫然，自以为贫且弱也。于是西学大兴，人人争言其书，习其法，欲用以变俗。'"③

西学思潮涌起，国人争相学习。早期倡导西学东渐的思想家们都很重视创办报刊。郑观应、王韬等都先后提过创办报刊的主张。

> 今如欲变法自强，宜令国中各省、各府、各州、县俱设报馆。④
> 夫泰山不择其壤以成其高、江海不择细流以成其深。然则，新报则亦何必非寸壤与细流也哉？⑤

---

① 李滨著《中国近代报刊角色观念的发展和演变》，岳麓书社，2011，第37~38页。
② 《本局日报通启》，《循环日报》1874年2月5日。
③ 郭廷以著《近代中国史纲》，中国社会科学出版社，1999，第293页。
④ 夏东元编《郑观应集》（上册），上海人民出版社，1988，第80页。
⑤ 王韬：《论各省会城宜设新报馆》，《申报》1978年2月19日。

何启、胡礼垣认为："'兹当玉弩惊张之会，金瓯动荡之辰，将欲再奠元黄，永安社稷，则必备然改革，政令从新。'为此，'宜复古帝王执中精一之心传，而行古帝王因时制宜之运量。'其中，因时之事其要有九，办报即为其一：'一曰开铁路以振百为，二曰广轮舶以兴商务……九曰宏日报以广言路。'"①

早期维新思想家欲借助近代报刊去告知国人中国是落后的，落后在哪里，该怎么改变中国社会。"今报纸之流行广矣，华人知日报之益者多矣，一转移间，则诸利皆兴，而诸弊皆去。"②

维新思想家宋恕认为："今宜诏求英、德、法、美、日本等国议院，报馆详细章程，征海内通人斟酌妥善，与学校同时举行。三大纲领既举，则唐虞、三代之风将复见，英、德、法、美之盛渐将可希矣。"③

部分早期维新思想家提出了创办报刊以助益于国家对外交涉的设想。如王韬、郑观应就认为，中国宜在西方发行外文报纸，表达自己的声音和主张，以澄清事实，驳斥外报可能出现的"颠倒是非，任意诽谤"，从而为对外交涉争取有利舆论。因而对于清廷听凭外人办报而禁国人自设的做法，早期改良派人士尤其反感："中国于己则禁之，于他国则听之，偶肇兵端，难免不曲直混淆，荧惑视听，甚非所以尊国体而绝乱原也。"④ 陈衍则从报纸"先声夺人""涨国势"的角度对报刊的"攘外"作用做了另一种意义上的解释："今若开设洋文报馆，延访中国通人，贯通中外时务者数人，为中文主笔，举所谓务材、训农、通商、兴工、敬教、劝学、使贤、任能各要务，备筹所以整顿之法，皆实在可言可行者，广为论说。又举西人向来之欺我中国者，某事出于要挟，才埋既不顺，某事出于恫吓，于势不足畏，某事为倒持太阿，中国可回收权利，某事为隐设机械，中国

---

① 何启、胡礼垣：《新政论议》，转引自郑大华点校《新政真诠——何启、胡礼垣集》，辽宁人民出版社，1994，第103～129页。

② 陈炽：《庸书·报馆》，转引自赵树贵、曾丽雅编《陈炽集》，中华书局，1997，第106页。

③ 宋恕：《议报章第七》，转引自胡珠生编《宋恕集》，中华书局，1993，第137页。

④ 陈虬：《庸书·报馆》，《陈炽集》，中华书局，1997，第106页。

勿坠术中,皆翻译洋文,刊之报纸。更向西国大报馆,聘西国名人,为洋文主笔,所有持论,专为中国自强起见,以中国人之精洋文者付之,其议论之不持平者,指出商改。此等报纸,散步五大洲,令西人见之,知中国实有自强之策,我以何著往,彼可以何著应,必将咋舌色变,不敢谓秦无人朝矣。"①

维新思想家们竭尽全力去论证报刊的力量,渲染报刊对于救亡图存的意义。在他们看来,报刊可以知内外、通上下:"乙未以后,志士文人创开报馆,广译洋报,参以博议,……内政、外事、学术皆有焉,……要可以扩见闻、长志气,涤怀安之酖毒,破扪籥之瞽论,于是一孔之士、山泽之农,始知有神州;筐箧之吏、烟雾之儒,始知有时局,不可谓非有志四方之男子学问之一助也。"② 宣传理性:"欲通知外情,不能不详述外事,欲详述外事,不能不广译各国之报。"③ 教化国民:"然而吾谓报之益于人国者,博闻次之,知病上也……大抵一国之利害安危,本国之人蔽于习俗,必不能尽知之,即知之亦不敢尽言之,惟出之邻国,又出之至强之国,故昌言而无忌。"④ 振兴国家,清明政治:"泰西报馆之盛,其国初亦禁之,后见其公是公非,实足达君民之隔阂,遂听其开设,以广见闻,迄今数十年,风气日开,功效日著。"⑤

"泰西各国之兴,仅百年耳。其内治外交,何遽能若是之严肃清明?君民一体也。应之者曰:合众人之心以为心,则理无不明;合众人之力以为力,则事无不举。且利无不兴,弊无不去也。其所以致此之由,则始于日报而成于议院。"⑥

---

① 李滨著《中国近代报刊角色观念的发展和演变》,岳麓书社,2011,第43~44页。
② 〔美〕白瑞华著《中国近代报刊史》,苏世军译,中央编译出版社,2013,第121页。
③ 林语堂著《中国新闻舆论史》(1968年版),王海译,暨南大学出版社,2011,第96~97页。
④ 〔美〕白瑞华著《中国近代报刊史》,苏世军译,中央编译出版社,2013,第121页。
⑤ 陈炽:《庸书·报馆》,转引自赵树贵、曾丽雅编《陈炽集》,中华书局,1997,第106页。
⑥ 陈炽:《畅行日报说》,转引自赵树贵、曾丽雅编《陈炽集》,中华书局,1997,第268页。

这一阶段的报刊，对于早期的维新派而言，犹如神祇，是救国之利器。它的存在对于国家而言高于它本身的意义。

二　百日维新——借助报刊宣扬温和的君主立宪制度

1895 年，康有为率梁启超等数千名举人联名上书光绪帝，反对在甲午战争中败于日本的清政府签订丧权辱国的《马关条约》，以表赤子之心，光绪帝颇为动容。1898 年 6 月，以康有为、梁启超为主要领导的维新派得到光绪帝的支持，在朝中掀起倡导学习西方，提倡科学文化，改革政治、教育制度，发展农、工、商业等的政治改良运动，维新派的政治理想终于有了实践的机会。他们大兴学堂，创立报刊，宣扬维新改良思想。

历史的进步往往需要契机，对于中国近代报刊业来说，甲午战败、《马关条约》便是这样一个契机，它极大地刺激了中华民族的自尊心，引起国民的深刻反思。梁启超说："唤起吾国四千年之梦，实自甲午一役也。"此时国民对于雪耻的渴望超越了一切，而雪耻必得强大，强大必得知己知彼，"忧国之士汗且喘走，天下议论其事，而讲求其法者杂遝然矣。"① 一时舆论鼎沸，报刊在历史舞台的地位愈加重要。百日维新虽为昙花一现，但是在光绪帝的支持和维新志士的重视下，中国的近代报刊极大地发挥了开启民智、通达内外、动员社会的功能。大批报刊创立发行。

面对深重的民族危机，清廷的臣僚清醒地认识到《马关条约》的危害，纷纷上奏陈表，条分缕析，京中应试的举子也纷然而起，联名上书。这是中国数千年来的舆论高潮，并且产生了广泛的社会效应，也得到了光绪帝的理解和支持。尽管尚未在民间大肆宣传，但显然，这次的舆论意见已经被专制政权的上层建筑所认可，并很快付诸实施。光绪帝发谕立誓以

① 梁启超：《戊戌政变记》，转引自中国史学会主编《戊戌变法》（第一册），神州国光社，1953，第 296 页。

后痛除积弊，详筹兴革，以收自强之效。虽然"公车上书"的拒和初衷没有达到，但舆论的力量已得到显现。光绪帝在上谕中写道："报馆之设，所以宣国是而通民情，必须为倡办"，仅此一句便代表了政府的首肯态度，为日后舆论大造，报馆兴起创造了条件。通过"公车上书"，康、梁等人深刻感受到舆论的力量，更是不遗余力地宣传造势，试图将良好的开端维续到底。梁启超说："非有报馆不可，报馆之议论，既浸渍于人心，则风气之成不远矣。"[1] 康、梁也是维新报刊的大力推行者。1895 年，康、梁等人在京沪创立了京师强学书局、上海强学会、《万国公报》《中外纪闻》《强学报》等。1896 年 8 月，《时务报》正式创刊。《时务报》传播内容主要由三部分组成：一是论说；二是奏章；三是译文，多为外文报刊的翻译。论说部分供维新众家发表己见，畅所欲言。而奏章及译文均带有很强的新闻性。《时务报》成功地制造了以变法自强为核心的社会舆论。任何一种社会舆论的形成都不是一蹴而就的，它有一个内在的、逻辑的发展过程。甲午后，朝野官绅群情激昂，交章论奏，其内容往往纷然陈杂，浑然无序。这种议论不能熔铸成一种成熟的社会舆论，它只不过反映出各种意见或主张；而舆论是以反映和调节异常的社会矛盾现象为活动内容的公众意见的集合。在由意见到舆论，即由众喙交集到众口一词的过程中，传播媒介起了至关重要的作用。因为"它能够同时传播统一及标准的政治消息给众多的人民，它们的标准化足以产生举国一致的行为模式"。[2]《时务报》的受众通过反复接触传播者制造的以变法自强为核心的传播内容，再融合、过滤自己原先的意见或主张，进而形成一种与传播者思想相近的共识。社会舆论就是受众普遍形成的一种共识。《时务报》受众对其传播内容的认同在《汪康年师友书札》中几乎俯拾皆是。变法维新的社会舆论的形成，不仅是"百日维新"得以推行的历史前提，且是促成"百日维新"的因素之一。[3] 对当时的中国而言，每份《时务报》的信息量都是可观的，

---

① 丁文江、赵丰田编《梁启超年谱长编》，上海人民出版社，1983，第 40 页。
② 杨孝荣：《传播社会学》，台湾商务印书馆，1979，第 493 页。
③ 陈玉申编著《中国新闻史研究导引》，南京大学出版社，2015，第 98~99 页。

大大满足了国民的求知欲和好奇心，起到了"通上下之情"和"通中外之故"①的作用。

三　激烈的思想论战——保皇抑或革命

1898 年，慈禧发动政变，诛杀"戊戌六君子"，光绪帝的政治改良措施戛然而止。一时间，改良派的学会、学堂全毁，维新报刊也所剩无几。康有为、梁启超逃亡海外后，就在日本等地重建宣传阵地。"流亡海外的康有为、梁启超在华侨和留学生中继续他们的变法宣传和组织活动。康有为创立了中国维新会（保皇会），梁启超主办《清议报》《新民丛报》和《新小说》。1900 年前后众多维新人士重新聚集，创办了大量维新刊物。……《清议报》《新民丛报》成为改良派主要的舆论机关。"②梁启超在日本期间，更加专注对于政治改良的研究，不断宣扬改造国民思想，从强调"保皇"在政治改革中的作用转为追求立宪改革，他大肆鼓吹英、日的立宪理论，翻译西方政治学著作，介绍关于西方各国政治改革的书籍。当时海内外对于"君主立宪"的呼声此起彼伏，1901 年，即便是慈禧太后也无法忽视舆论的压力，宣布实行"新政"，之后又推出"预备立宪"。在众多改良派报刊中，以梁启超创办的《清议报》和《新民丛报》的影响最大。1902 年，黄遵宪对《新民丛报》予以高度评价：

> 清议报胜时务报远矣，今之新民丛报又胜清议报百倍矣。惊心动魄，一字千金，人人笔下所无，却为人人意中所有，虽铁石人亦应感动。从古至今文字之力之大，无过于此者矣。③

1904 年，狄楚青奉康有为之命，在上海创办《时报》，在中国近代史上产生了深远影响。

---

① 严复：《国闻报缘起》，《国闻报》1897 年 10 月 25 日。
② 李滨著《中国近代报刊角色观念的发展和演变》，岳麓书社，2011，第 108 页。
③ 丁文江、赵丰田编《梁启超年谱长编》，上海人民出版社，1983，第 274 页。

百日维新遭到以慈禧为首的顽固保守势力的疯狂镇压，以失败告终，打碎了许多人的政治改良梦想。部分资产阶级意识到，温和的改良主义在残忍的专制政权面前，毫无战斗力，只有如同法国一样进行彻底的暴力革命，才能推翻清王朝，救民族于危亡之中。国内救亡团体纷纷涌现，甚至不乏激烈举措："1905 年 9 月 24 日，吴樾烈士在北京车站谋炸'出洋五大臣'未遂而惨烈殉难，便是个突出的例子。这种恐怖主义虽无补于大局，但是它既表示出民愤之深，也炸得清吏胆寒。"① 孙中山、黄兴、宋教仁、蔡元培等逐渐成为革命派的核心人物。他们认定"驱除鞑虏"、革命起义才是救亡之道。革命出版人充分利用上海治外法权约定和租借地建立宣传阵地。1905 年，以蔡元培为首的革命党人创立《警钟日报》，更有于右任的"竖三民"等，革命派的报刊旗帜鲜明，立场坚定，直指封建政权，同时坚决反对所谓的"政治改良"主义。19 世纪末 20 世纪初的中国，一场没有硝烟的战争一直在激烈进行中，即关于中国未来走向问题的论战。维新变法失败后，康、梁虽流亡海外，却愈挫愈勇，继续宣传君主立宪和政治改良，不断组织海外势力，重整旗鼓。

"立宪"还是"革命"？两股思潮都堪称当时挽救民族危机的主流思想，且两派势力也不断增强，深受清廷忌讳。两派领导人物均借以在海内外的媒介报刊展开了一场激烈的论战。

1903 年，保皇会与革命派拉开了思想论战的序幕。1905 年 8 月，代表革命党人思想的《民报》创刊，其与《新民丛报》的对垒成为两派的主力战。双方争执的焦点，正是该否"立宪"。改良派虽不像戊戌变法时那般注重"保皇"，但是"留君"的思想一直没有改变。相对于改良派的"须缓图之"，革命派则主张"力推翻之"。他们对封建专制和清廷无比痛恨，"今者中国以千年专制之毒而不解，异种残之，外邦逼之，民族主义、民权主义殆不可以须臾缓"。革命派绝不相信清政府会配合政治改革，认定必须推翻满清专制王朝，消灭君权，推行民生主义，他们对美、法等国的

---

① 〔美〕唐德刚著《从晚清到民国》，中国文史出版社，2015，第 366 页。

资产阶级革命政权充满向往。

> 洎自帝其国，咸行专制，在下者不堪其苦，则民权主义起。十八世纪之末，十九世纪之初，专制仆而立宪政体殖焉。世界开化，人智益蒸，物质发舒，百年锐于千载，经济问题继政治问题之后，则民生主义跃跃然动，二十世纪不得不为民生主义之擅场时代也。①

革命派和改良派的这场论战，再一次将报刊推向了近代中国历史舞台的中心。经过数十年的发展与积淀，国人自办的报刊已经有了较高的专业水准，对于近代报刊的认识也发生了变化。他们清醒地认识到报刊的工具作用，对于报刊所能发挥的社会动员功效更为关注，且一直不断探求如何利用好这一宣传工具。

第三节 清末政改：强化新闻管理

清朝晚期，专制王朝已是千疮百孔，顽固的统治集团一直在试图阻止时代的步伐，愚民智以固江山。19世纪六七十年代，中国境内陆续兴办的报刊，逐渐引起清政府的警惕。在清王朝最后的十年里，报刊成为清廷心腹之患，一则小小的简讯或许就能翻起滔天大浪，而这些，都超出了清廷的心理承受极限。清政府为应对动摇的民心，进一步加强了对新闻业的管控。

一 清廷新闻管理的宗旨

鸦片战争后，清廷迫于西方的压力，暂停了对传教士的压制，放任传教士在沿海地区甚至内陆进行传教，自然也就得容忍他们传播相应的报刊出版物品。1858年《天津条约》便有规定：

---

① 田晓青主编《民国思潮读本》（第一卷），作家出版社，2013，第57页。

耶稣基督圣教，又名天主教，原为劝人行善，凡欲人施诸己者亦如是施于人。嗣后所有安分传教习教之人，当一体矜恤保护，不可欺侮凌虐。凡有遵照教规安分传习者，他人毋得骚扰。①

根据片面最惠国待遇，传教自由便迅速扩散开来。清廷惶恐再起战祸，只得袖手旁观。及至中国人自己创办近代报刊，清廷开始疯狂镇压，以"妖言惑众"罪迫使报馆关闭，报人逃亡海外，以至于中国近代报馆多往租界寻求偏安。即便如此，依旧发生了轰动中外的"苏报"案。面对日益壮大的舆论声势，清廷不得不使用比较迂回的手段去控制报刊的发展，相继出台《报章应守规则》《大清报律》等法律法规文件，以从法律层面去堵住悠悠众口。不管强力镇压还是颁布相应法律措施，清廷的目的只有一个，就是维护专制统治，别无其他。在封建专制政权下，报刊这种"蛊惑人心""妖言惑众"的进步事物让统治者避之唯恐不及，并且一直试图加强对新闻的控制管理。

二 清廷新闻管理的举措

面对近代报刊这种新生事物，清廷管理的主要举措是言论管控，即试图压制、杜绝煽动变革革命的言论，并打击它们生存依赖——报馆。清廷镇压言论、封闭报馆的例子不胜枚举。1900年3月7日，湖广总督张之洞下令江汉关道查禁《天南日报》《清议报》及其他"语涉悖逆"的报纸。同年，两广总督李鸿章饬令南海县彻查广州《嘻笑报》，后该报被冠以"对上不敬"的罪名，主编潜逃，报纸停刊。清廷不仅是要查封报馆，令行禁刊，同时对报刊的销售传播者也给予严厉打击，对这些"罪不容诛"的言论和报刊深恶痛绝。"1903年3月，离《清议报》停刊已两年，地处江宁上江两线的明达书庄，'鸠集股本，翻印《清议》等报，四散出售'，署两江总督张之洞下札文禁止，指控流亡海外多年的康梁'播散谣言、刊

布逆报，诬谤朝廷，淆乱国是，大逆不道，罪不容诛'。除了立即将'所有逆书板片纸张尽数起获，……验明销毁，不准有片纸只字遗留外'，严禁地方士民'出资附股，私相传播购阅'，明达书庄店主被查办，具结'以后不再售逆书逆报书记股票，违者重罚治罪'。"① 更有甚者因言论而丧命，"沈荩案"便是其中之一。

清廷的疯狂镇压并未能阻止言论的蔓延和进步思潮的传播。相反，越来越多的国人愿意相信那些"悖逆之言"，甚至为之奔走呼号。强大的舆论声势迫使清廷改变管理措施，转而寻求"政党举措"，制定相关法律法规，同时加入舆论战争，建立自己的宣传阵地。清廷不再单纯地事后追究言论责任，而是开始提前规制。1902 年，清廷颁布《奏定学堂章程》，其中有禁止学生"离经叛道，妄发狂言怪论，以及著书妄谈，刊布报章""私充报馆主笔或访事员""私自购阅稗官小说，谬报逆书"等条款。②

（一）默认民间"访权"

首先是"京报"的经营。这里的"京报"并不是一家报纸，而是好几家相似报纸的统称，它也不是一版固定的报纸，一期可能有好几种版本，针对不同的受众而做更改。"京报"为私人所办，但是由于在皇城根下的优势，它们所搜集到的信息多来自朝廷核心机要部门。清廷虽厌恶报刊，却默认"京报"的存在。"京报"也很清楚自己存在的意义，它们是清廷认可的官方信息发布渠道，带有明显的封建统治色彩，重要内容均来自官方，确保刘王权无害，受众也有限。"京报"由提塘公负责印刷，由官方邮政将其送达各省官员。"与《伦敦公报》（London Gazette）、法国的《官方公报》（Gazette Official）以及欧洲其他国家公报不同，京报从欧洲公报的定义来看不具备公报功能。但实际上，京报公布的一份文件就是官方认

---

① 傅国涌著《笔底波澜：百年中国言论简史》，中华书局，2013，第 53~54 页。
② 《学堂禁令》，《奏定学堂章程》第九章，转引自戈公振著《中国报学史》，上海商务印书馆，1928，第 170~171 页。

可的证据，例外情况是极为罕见的。况且内容来自于皇帝，而不是大臣或国务秘书，京报要比欧洲国家公报更具公信力。"①

其次是一些简单的"采访权"。除了公布皇帝上谕和朝政要闻以外，清廷也允许民间访员探访一些政府管理信息，各类报章也经常刊登出一些关于朝廷命官言行和公文等内容，当然，必须是正面的。从1905年起，民间报馆开始被允许现场采访大规模军事演习;② 1907年，民政部批准在司法审判时为记者添设专席;③ 1909年各省咨议局成立后均允许记者旁听医院辩论，1911年资政院首次会议就有记者20余人采访。有些地方还给报社以特殊待遇，如广东巡警总局"欲求民间之信任……守报界之监督"，邀请记者每周一次列席巡官会议。④

（二）清廷新闻管理的改革

清末修律之前，清廷管理新闻的依据是《大清刑律》。

> 其有人本愚妄书词狂悖或希图诬骗财物兴立邪教尚未传徒惑众及编造邪说尚未煽惑人心并奸徒怀挟私嫌将谋逆重情捏造匿名揭帖冀图诬陷比照反逆及谋叛定罪之案正犯照律办理其家属一概免其缘坐。⑤

戊戌变法时，光绪帝曾许可开立报馆，但是很快被慈禧太后用实际行动否决了。所以从上至下，清廷并无专门针对新闻事业的管理规定，只有借用"编造邪说""煽惑人心"等罪名处罚报人，维护统治，其关

---

① 〔美〕白瑞华著《中国近代报刊史》，苏世军译，中央编译出版社，2013，第22页。
② 《陆军会操战状纪要》，《教育杂志》1905年第11期。
③ 《北京报界全体公禀民政部沥陈艰难情形恳请设法维持》，《时报》1907年10月29日。
④ 《资政院记事》，《大公报》1911年1月9日。
⑤ 《刑律一·贼盗上之一·谋反大逆》，（清）薛允升著《读例存疑》（卷25），京都大学大学院法学研究科"中国法制史研究"电子数据库，http://www.terada.law.kyoto-u.ac.jp/dlcy/index.htm。

注点自然在一系列"煽惑人心"的"邪说"上。同时，清廷也认为，扼制住言论，就掌握了新闻管理的"七寸"。然而结果并不理想，清廷借着修律的契机，开始制定一系列管理新闻出版事业的法律法规。短短十年不到，便出台了《大清印刷物专律》、《报章应守规则》9条、《报馆暂行条规》10条、《大清报律》和《钦定报律》等文件，引起报界激烈反抗。

然而，除却部分带有封建专制色彩的条文外，如《大清印刷物专律》中的讪谤条款：

> 四、讪谤者，是一种惑世诬民的表揭，令人阅之有怨恨或侮慢，或加暴行于皇帝皇族或政府，或煽动愚民违背典章国制，甚或以非法强词，又或使人人有自危自乱之心，甚或使人彼此相仇，不安生业。[①]

《报章应守规则》中的"不得诋毁宫廷""不得妄议朝政"则与"预备立宪"的"庶政公诸舆论"自相矛盾，《大清报律》中如"凡谕旨章奏，未经阁抄、官报公布者，报纸不得揭载"一条，则为新增内容。这五部文件并非毫无进步意义，这是中国第一批专门的新闻管理法规，也是南京临时政府制定新闻管理法律法规的重要基础。

通过这五部文件，清廷确立了出版注册登记制度，新闻审查制度，对部分有悖真实的言论出版行为予以科罚、监禁等刑事处罚。

（三）清末政改的意义

首先，出版注册登记制度程序虽为烦琐，但是毕竟从法律上赋予了国民从事新闻出版的权利。

---

① 中国社会科学院新闻研究所、北京新闻学会编《各国新闻出版法选辑》，人民日报出版社，1981，第5页。

凡以印刷或发卖各种印刷物件为业之人，依本律即须就所在营业地方巡警衙门，呈请注册。其呈请注册之呈，须备两份，并各详细叙明实在，及具呈人之姓名籍贯住址，又有股份可以分利人之姓名籍贯住址。[①]

凡开设报馆发行报纸者，应开具左列各数，于发行二十日以前，呈由该管地方官衙门申报本省督抚，咨民政部存案；一、名称；二、体例；三、发行人、编辑人及印刷人之姓名、履历及住址；四、发行所及印刷所之名称及地址。

凡充发行人、编辑人在印刷人者，须具备左列条件：一、年满二十岁以上之本国人；二、无精神病者；三、未经处监禁以上之刑者。[②]

这是清廷对于出版注册登记的要求，即便在现今社会来看，其中也并无苛刻之处。登记注册制实为一种许可制度。

其次，除却不得诋毁宫廷、扰乱政体等维护封建专制的条款外，"扰害公安之语；败坏风俗之语""不得挟嫌诬蔑，损人名誉"都是合理规制，无论是西方或是中国，都不会允许这种侵犯社会公共利益和个人名誉的行为存在，作为报律，将此类条文纳入也是合理的。

最后，被时人诟病的"刑事惩罚措施"也并非不可理喻，相对于《大清刑律》的连坐、杖毙等，报律规定的处罚措施多为罚款、短期监禁或者关闭报馆，都是较轻的处罚，涉及人身处罚的更是寥寥无几。如"六月以上二年以下之监禁，附加二十元以上二百元以下之罚金""暂禁发行""禁止发行"等。

清廷的新闻管理举措并非一无是处，相反，很多内容值得认可，这也是清末报律得以在民初沿用的原因之一。

---

① 《大清印刷物件专律》（第二章印刷人等，第二条），转引自刘哲民编《近现代出版新闻法规汇编》，学林出版社，1992，第2~3页。
② 《大清报律》（第一、二条），转引自刘哲民编《近现代出版新闻法规汇编》，学林出版社，1992，第31页。

第四节　辛亥革命：中国新闻事业发展的转折

自甲午战争后，清廷便处于风雨飘摇之中，摇摇欲坠。此起彼伏的民间起义，日益高涨的舆论呼声，都在预示着一场大变革的到来。随着帝国主义进一步侵略中国，民族危机不断加深，辛亥革命爆发。这场革命是中国历史上最为浓墨重彩的一笔，推翻了清王朝的统治，挽救了民族危亡。对于中国近代新闻业而言，也是一个重要的发展机遇。

一　辛亥革命准备过程中的民主自由思想传播

（一）反对清廷专制，挽救民族危亡

晚清政权的腐朽无能，敲响了专制统治的丧钟。甲午战争后，清廷颓势愈显，庚子拳乱，八国联军入侵北京，民族危机加深，越来越多的有识之士清醒地看到了国家的弊政，以一姓之尊荣统华夏之命运，着实荒谬至极。在侵略和专制的双重压迫下，原先的洋务运动、百日维新等救亡图存的爱国"扶清"之举已经被证实为无用之举，民间反清之势渐涨，舆论朝着反对清廷专制的方向发展。大批进步志士奋起反抗，高呼革命，痛陈清廷专制弊端。因言获罪的邹容，在《革命军》一文中写道：

> "量中华之物力，结友邦之欢心"，是岂非煌煌上论之言哉？中国者中国人之中国也。割我同胞之土地，抢我同胞之财产，以买其一家一姓五百万家奴一日之安逸，此割台湾、胶州之本心，所以感发五中者也。[1]

---

[1] 邹容：《革命军》，转引自《中华民国建国文献·革命开国文献》第一辑·史料一，台湾"国史馆"1995。载陈夏红编《辛亥革命实绩史料汇编》（舆论卷），中国大百科全书出版社，2011，第13页。

进而，毫不讳言对中国前途的担忧：

我同胞处今之世，立今之日，内受满洲之压制，外受列国之驱迫，内患外侮，两相刺激，十年灭国，百年灭种，其信然夫。然人之言曰：欲御外侮，先清内患。如是如是，则满人为我同胞之公敌，为我同胞之公仇，二百六十余年之奴隶犹能脱，数十年之奴隶勿论已。[1]

夫中国自流寇之糜烂，乱臣外附，率鞑虏以蹂躏中华，国胜祈屋，黔首大半屠戮，遂使虏尸此君位。自尔以来，台湾之割据，三藩之兴起，川楚之纵横，以民族倡义者，未尝十年间绝。[2]

陈天华则在《警世钟》中叹道：

可恨满洲政府抱定一个汉人强满人亡的宗旨，死死不肯变法，到了戊戌年，才有新机，又把新政推翻，把那些维新的志士杀的杀，逐的逐，只要保全他满人的势力，全不管汉人的死活。及到庚子年闹出了弥天的大祸，才晓得一味守旧万万不可，稍稍行了些皮毛新政。其实何曾行过，不过借此掩饰国民耳目，讨讨洋人的喜欢罢了；不但没有放了一线光明，那黑暗反倒加了几倍。到了今日，中国的病，遂成了不治之症。[3]

孙中山在驳斥"革命会瓜分中国"言论时，对中国的历史及现状做出

---

[1] 邹容：《革命军》，转引自《中华民国建国文献·革命开国文献》第一辑·史料一，台湾"国史馆"1995。载陈夏红《辛亥革命实绩史料汇编》（舆论卷），中国大百科全书出版社，2011，第17~18页。

[2] 蛰伸（朱执信）：《论满洲虽欲立宪而不能》，《民报》第一期（十月出版），载田晓青编《民国思潮读本》（第一卷），作家出版社，2013年5月，第84页。

[3] 陈天华：《警世钟》，转引自《中华民国建国文献·革命开国文献》第一辑·史料一，台湾"国史馆"1995。载陈夏红编《辛亥革命实绩史料汇编》（舆论卷），中国大百科全书出版社，2011，第31页。

思考：

> 自秦政灭六国，废封建而为郡县，焚书坑儒，务愚黔首，以行专制。历代因之，视国家为一人之产业，制度立法，多在防范人民，以保全私产；而民生庶务，与一姓之存亡无关者，政府置而不问，人民亦从无监督政府之措施者。[①]

更历数满庭罪恶：

> 吾辈享鞑虏政府毒虐已二百六十余年，而其最惨酷重要者，则有十端。一端：（一）虏据政府以自利，而非以利民；（二）阻止民人物质、思想之进化；（三）驭吾人如隶圉，而尽夺一切之平等权及公权；（四）侵害我不能售与之生命权及财产自由权；（五）容纵官吏以虐民而朘削之；（六）禁制吾人之言论自由；（七）定极不规则之税则，而不待民人之认可；（八）用极野蛮之刑以对囚犯，逼供定罪；（九）不由法律而可以割夺吾人之权利；（十）放弃其责任为吾人所托生命财产者。[②]

《革命军》《警世钟》等作品犹如当头棒喝，使国人从"谋反谋大逆"的固有思维中解脱出来，正视朝廷的腐败无能，不再畏惧"十恶不赦"的罪名，寻找救亡图存的出路，清廷的统治岌岌可危。章士钊曾言：

[①] 孙逸仙：《支那保全分割论》（一九〇三年九月二十一日），转引自《孙中山全集》第一卷，中华书局，2006。载陈夏红编《辛亥革命实绩史料汇编》（舆论卷），中国大百科全书出版社，2011，第82页。

[②] 孙逸仙：《支那问题真解》（一九〇四年八月三十一日），转引自《孙中山全集》第一卷，中华书局，2006。载陈夏红编《辛亥革命实绩史料汇编》（舆论卷），中国大百科全书出版社，2011，第88~89页。据英文原稿，实有十一端，即（六）之后漏译"禁制吾人之结社自由"。

卓哉！邹氏之《革命军》也，以国民主义为干，以仇满为用，捃撦往事，根极公理，驱以犀利之笔，达以浅直之词，虽顽懦之父，目睹其字，耳闻其语，则罔不面赤耳热心跳肺张，作拔剑砍地奋身入海之状。呜呼，此诚今日国民教育之第一教科书也！①

反清思想的宣传和舆论的制造，激起民间暗涌无数，所有的波涛终汇聚成惊天变革。辛亥革命的发生，是历史发展的必经之路。

（二）呼吁暴力革命，建立民主政权

以暴力革命推翻满清政府是以孙中山为首的革命党人的一贯主张。在与保皇党的论战中，革命党人发表了《驳康有为论革命书》（章太炎）、《论激烈的好处》（刘师培）、《论满洲虽欲立宪而不能》（朱执信）、《革命》（李石曾）等文章，严厉驳斥了康梁的扶满保皇、革命祸国论。《革命军》高呼：

我中国今日不可不革命。我中国今日欲脱满洲人之羁缚，不可不革命。我中国欲独立，不可不革命。我中国欲与世界列强并雄，不可不革命。

革命者，天演之公例也。革命者，世界之公理也。革命者，争存亡过渡时代之要义也。革命者，顺乎天而应乎人者也。革命者，去腐败而存良善者也。革命者，由野蛮而进文明者也。革命者，除奴隶而为主人者也。②

吾幸夫吾同胞之得与今世界列强遇也。吾幸夫吾同胞之得文明之政体，文明之革命也。吾幸夫吾同胞之得卢梭《民约论》、孟德斯鸠

---

① 章士钊：《读〈革命军〉》（一九〇三年六月九日），转引自丁仕原编《章士钊辑》，民主与建设出版社，2014，第 9 页。
② 邹容：《革命军》，转引自《中华民国建国文献·革命开国文献》第一辑·史料一，台湾"国史馆"1995。载陈夏红编《辛亥革命实绩史料汇编》（舆论卷），中国大百科全书出版社，2011，第 5 页。

《万法精理》、弥勒约翰《自由之理》《法国革命史》《美国独立檄文》等书译而读之也。①

以革命推翻专制政府，才能摒除旧制，建立共和政权，方可救国救民。

> 夫今日之中国，其敝坏固已达于极点，而毁屋，而重构，轮奂一新，未尝无及焉，则革命之谓也。弥缝补漏，踟蹰以处，立宪之谓也。……自今以往，世界之程度愈高，则其政体之于民必愈便，百年千载，终不尽易立宪为共和不止。②

革命党人深谙此道，并不遗余力地公开鼓吹革命：

> 我们革命的目的，是为众生谋幸福，因不愿少数满洲人专利，故要民族革命；不愿君主一人专利，故要政治革命；不愿少数富人专利，故要社会革命。……达到这三样目的之后，我们中国当成为至完美的国家。③
>
> 革命之大义。总之革命之意何为耶？一时之愤乎？非也。复仇乎？非也。夺他人之特权特利而己代之乎？更非也。革命之大义所在，曰自由，故去强权；曰平等，故共利益；曰博爱，故爱众人；曰大同，故无国界；曰公道，故不求己利；曰真理，故不畏人言；曰改

---

① 邹容：《革命军》，转引自《中华民国建国文献·革命开国文献》第一辑·史料一，台湾"国史馆"1995。载陈夏红编《辛亥革命实绩史料汇编》（舆论卷），中国大百科全书出版社，2011，第6页。

② 汪东：《论支那立宪必先以革命》，转引自田晓青编《民国思潮读本》（第一卷），作家出版社，2013，第69页。

③ 孙中山：《在东京〈民报〉创刊周年庆祝大会的演说》，《民报》1906年12月2日。转引自田晓青编《民国思潮读本》（第一卷），作家出版社，2013，第97页。

良，故不拘成式；曰进化，故更革无穷。[①]

君主立宪阻止不了皇室内阁的闹剧，也实现不了"君民一体"的政治理想。君权不灭，民权难兴，民主政治便无法实现。清末救国运动纷纷失败，唯有辛亥革命击散了中国人心中根深蒂固的封建等级观念，动摇了持续千年的专制制度，最后终结了封建王朝的统治。

二 革命党人新闻宣传实践

"故其国或欲立一义，行一事，莫不以报馆为之先声。报馆者，全国人之咽喉也。拿破仑曰：开一报馆，胜于千枪。诚以报之激动人心，发其知觉愤耻，与枪之猛烈，震人之耳目，无以异也。……至于报馆者，则合全国人之耳目，咸震动而发觉焉，故其功效尤胜也。"[②] 革命党人在辛亥革命前夕积极开展了系列新闻宣传工作。1900 年 1 月，陈少白创办《中国日报》，该报后期反清态度明显，言辞激烈，曾刊载章太炎的《请严拒满蒙人入国会状》《解辫发说》及《清宫近况与中央政府之前途》等，逐渐成为革命党人反清宣传的主要阵地。《檀山新报》自 1903 年改组后，曾刊载《敬告同乡书》《驳保皇报书》，驳斥保皇言论。《大同日报》主张"大倡革命排满，放言无忌"。[③]《国民报》大肆揭露清廷的腐朽无能，刊载章太炎《正仇满论》，立场鲜明，态度坚定。《苏报》作为爱国学社的发声平台，曾刊载《释仇满》、《密谕严拿留学生》《读〈革命军〉》《康有为与觉罗君之关系》等反清色彩鲜明的文章，影响颇大。1903 年 1 月到 4 月，日本东京的中国留学生兴起办刊热潮，《湖北学生界》《浙江潮》《直说》《江苏》等纷纷创刊。1903 年 5 月，青年陈独秀在安徽筹办《爱国新报》。1903 年 12 月 15 日，蔡元培领导爱国学社，在《苏报》、《俄事警闻》

---

① 真民（李石曾），《新世纪》1907 年 5 月，转引自田晓青编《民国思潮读本》（第一卷），作家出版社，2013，第 103 页。
② 欧榘甲：《新广东》，《辛亥革命前十年间时论选集》，生活·读书·新知三联书店，1960，第 289 页。
③ 冯自由著《革命逸史》（第 4 集），中华书局，1981，第 131 页。

（《警钟日报》）等刊物上发表多篇宣传革命的文章。1903 年 12 月 19 日，林白水在上海独立创办《中国白话报》，以"白话道人"笔名倡导天赋人权、人类平等、百姓合群等新观念。1903 年，上海东大陆图书印刷局刊行出版黄藻主编的报刊政论集《黄帝魂》，署名"黄帝子孙之一个人"辑录了清末报刊有关反清革命的论著，如章太炎、章士钊、邹容、张继、刘师培、谭嗣同等在《苏报》《国民日报》《中国日报》发表的政论 29 篇（重刊时，篇目有所增删）。1904 年 1 月，陈独秀在安庆创办《安徽俗话报》半月刊，安徽各地及上海、北京、保定、南京等地设有 58 个代派处，该报针砭时弊、传播民主自由思想、鼓吹革命，曾发表《亡国论》《说爱国》等文章，反对封建专制，痛斥帝国主义的侵略掠夺，是当时国内具有重要影响的白话报刊之一。1905 年 9 月，昆明《云南日报》刊出演绎、介绍黄宗羲《原君》的文字。10 月 11 日，汉口《楚报》刊载张之洞与英国签署的粤汉铁路借款合同密约全文。《鹭江报》报道金门教案的消息。1906 年春天，香港各报批评广东官绅勾结把持粤汉铁路，逮捕股东黎国廉，内陆多家报纸也勇敢地揭露官绅勾结把持粤汉路局的黑幕。

　　支持革命的刊物此起彼伏，其中《民报》作为同盟会机关报，大力宣传孙中山的三民主义，是同盟会发表政治主张的重要平台。"曾经给《民报》撰写过稿件的共有 68 人，其中主要的有章太炎、陈天华、胡汉民、汪精卫、汪东、朱执信、廖仲恺、宋教仁、刘师培、黄侃、汤增璧等。"[1]均是同盟会甚至革命派的中坚力量。他们言辞慷慨，思路清晰，在与保皇派的论战中，发挥了重要作用，铸就了《民报》难以撼动的政治地位。此外还有号称"竖三民"的《民呼日报》《民吁日报》《民立报》，均由革命党人于右任创办。1907 年 4 月 2 日，于右任等在上海租界创办《神州日报》，报名用"神州"，即"以祖宗缔造之艰难和历史遗产之丰富，唤起中华民族之祖国思想"，"激发潜伏的民族意识"。[2] 其指出清廷立宪不过是

---

① 方汉奇著《中国近代报刊史》，山西教育出版社，1981，第 358 页。
② 于右任著《如何写作评论》，《新闻学季刊》1940 年第 1 卷第 2 期。

"'以宪政之浮文，蒙政治之实体'，'用立宪饵天下，以一切新政涂民耳'。它不时引述革命党人的主张：'颠覆现政府，谋求共和政体，分配土地，使国民亲爱自由平等。''脱羁轭，扫除数千年专制政治，建设一完全新共和国。'"① 该报在报纸上公开否认清廷统治的合法性。1909 年 5 月，于右任创办《民呼日报》，延续《神州日报》的宗旨，继续抨击清政府。《民呼日报》被查封后，1909 年，于右任等人在上海创办《民吁日报》，取"民不敢声，惟有吁也"之意，累计刊发 62 篇指责、声讨日本帝国主义的稿件，"形成了一个可和'拒俄宣传'和'反美华工禁约宣传'媲美的反对日本帝国主义侵略中国的社会舆论高潮"。② 1910 年 10 月，于右任创立《民立报》，以"整顿精神，以为国民效驱驰"，③ 率先向全国报道了武昌起义，坚定地进行革命宣传。

其他还有诸如 1907 年 11 月 13 日，卢谔生在广州创办《二十世纪军国民》周刊，公开宣传三民主义。1905 年创办的《民声报》，揭露清廷预备立宪的虚伪行径。1908 年创办的《中华新报》，承自《新中华报》，提倡资产阶级革命。1911 年杭辛斋在杭州创办《汉民日报》，由邵飘萍担任主笔，揭露浙江官场的黑暗腐败。

三　革命党人主导临时政府执行资产阶级共和政策

随着帝国主义进一步侵略中国，民族危机不断加深，辛亥革命爆发，推翻了清王朝的统治，挽救了民族危亡。这对于中国近代新闻业而言，也是一个重要的发展机遇。这个发展的机遇便体现在政权更迭，意识形态变换之上。于国人而言，辛亥革命是一次思想解放的契机；于新闻事业而言，辛亥革命是一场挣脱专制束缚的"狂欢"。

首先，民主自由的革命口号为推行言论自由奠定了基调。辛亥革命是一场资产阶级革命，与以往的农民起义和封建政权更迭不同的是，它

① 刘青松著《天朝的天窗：晚清最后十年报刊风暴》，上海三联书店，2012，第 203 页。
② 方汉奇著《中国近代报刊史》，山西教育出版社，1981，第 485 页。
③ 于右任：《发刊词》，《民立报》1910 年 10 月 10 日。

要推翻封建专制统治，建立民主自由的国度。这不仅是资产阶级生产关系的需要，也是西方自由主义思潮长期浸染的结果。只有扫清封建余孽，瓦解专制政权，才有可能实现真正的自由，包括"言论自由"。国人对于自由的追求，也是这场革命的目的之一。"乃其焚毁书籍，改窜典册，兴文字狱，罗致无辜，秽词妖言，尊曰圣喻；焚毁书籍，谬曰正经。"① 长期被压制的言论自由，被期望能够从新生政权中获得认可。武昌首义后，鄂军都督府以约法的形式，公开赋予"言论自由"法律地位："第六条人民自由言论著作刊行并集会结社。……第二十一条本章所载人民之权利，于有认为增进公益，维持公安之必要，或非常紧急必要时，得于法律限制之。"②

其次，新闻业作为一个行业，其自身的发展方向和内涵建设开始得到重视。中国首个民主政权，与报人有着千丝万缕的联系。南京临时政府及地方革命政权组成人员中，均有报人的身影。辛亥革命以前，这些人以报人的身份从事革命宣传，政权成立后，这些人转而成为政府的工作人员，将从事报业时的宣传热情和对"言论自由"的认可带到政府管理中。例如，曾任《警钟日报》主编的林白水，武昌起义胜利后任福建都督府政务院法制局局长和共和党福建支部长。柳亚子1912年初被委任南京临时政府大总统府秘书。受孙中山委派到新加坡主持《中兴日报》，与保皇党展开激烈论战的田桐，后任南京临时政府内务部参事、临时参议院参议员。同时，身份的转变也让他们意识到，革命斗争宣传与政权建设宣传的区别，即在民主政权建立后，新闻事业的发展需要转型。革命宣传时期，中国的进步报人目标一致，反对满人专制，宣扬民主自由，传输近代西方文明等。彼时，政治新闻占主要地位，舆论宣传的工具性意义更甚。辛亥革命

---

① 《湖北军政府檄文》，转引自《中华民国建国文献·革命开国文献》（第一辑·史料三），台湾"国史馆"1996。载陈夏红编《辛亥革命实绩史料汇编》（建制卷），中国大百科全书出版社，2011，第20页。

② 《中华民国鄂州约法》，转引自《中华民国建国文献·革命开国文献》（第一辑·史料三），台湾"国史馆"1996。载陈夏红编《辛亥革命实绩史料汇编》（建制卷），中国大百科全书出版社，2011，第34页。

以后，各地革命政权纷纷成立，及至南京临时政府成立后，新闻业的发展需要更加理性的思考与选择。

这些新闻宣传发展的思考，有三种不同的理念。以孙中山、居正为首的南京临时政府要员，认为新闻业的重心应从革命斗争宣传向国家建设转变，在尊重"言论自由"的基础上，支持对新闻宣传加以引导规范，以维护新生政权的稳定，"见上海报纸语杂言庞，思有以轨物。"① 同时，建立组织机关报，以争取舆论阵地。以章炳麟为首的《大共和日报》和上海报界俱进会则反对政府对新闻业加以干涉，崇尚"绝对"的新闻自由，并不惜与孙中山及南京临时政府公开对峙，"民主国本无报律""今杀人行劫之律尚未定，而先定报律，是欲袭满清专制之故智，钳制舆论，报界全体万难承认"。② 而章士钊则从新闻业本身出发，主张发展纯粹的新闻业，尊重言论自由，反对制定报律，称"法制国无此物"，③ 同时避免将新闻宣传与政治斗争过分捆绑，主张应该壮大新闻业联盟，以抵抗政府施压，坚持做"良新闻"。"须知吾国今日之所欲者，非充数之新闻，乃良新闻也。惟良新闻始足以扶植社会，读者或不以吾言为诞乎？"④ 总体而言，民主政权对新闻业的发展持支持态度，而社会角色的不同，使得彼此意见相左，但此种分化正是促进中国近代新闻业发生质变的关键因素。

最后，南京临时政府的成立为新闻事业的发展提供了政治保证。1912年1月1日，以孙中山为首的革命党人宣布建立中华民国，并在南京成立了临时政府，与北京的清廷对峙，体现了推翻封建王权的决心。南京临时政府是新兴的资产阶级政权，而革命党人从一开始，便是以民主自由为革命导向。因此，从临时大总统孙中山到主管新闻出版的内务部次长居正，都是尊重新闻自由的，这对于民国境内新闻事业的发展有着重要的保障作用。1912年3月8日的《中华民国临时约法》更是规定："人民有言论、

---

① 罗福惠、萧怡编《居正文集》，华中师范大学出版社，1989，第93~94页。
② 复旦大学新闻系新闻史教研室编《中国新闻史文集》，上海人民出版社，1987，第89页
③ 《论报律》，载丁仕原编《章士钊辑》，民主与建设出版社，2014，第185页。
④ 《论吾国当急组织新闻托辣斯》，载丁仕原编《章士钊辑》，民主与建设出版社，2014，第184页。

著作、刊行及集会、结社之自由。""人民有言论、著作、刊行、集会、结社之自由","人民有书信秘密之自由"。① 《中华民国临时约法》是以根本大法确认了人民享有言论自由的权利,奠定了政府支持新闻事业发展的基调。

至此,中国的新闻业进入了新的历史时期。从以开启民智、救亡图存、反抗封建专制政权为目标,到以监督政府、承担报人"第四种族"使命为己任,这是新闻自由的胜利,也是新闻业发展的一个突破。随之而来的,便是政府对于新闻事业管理理念和举措的变化。

中国的近代报刊脱胎于外国侵略者的言论"入侵",以西方自由主义思潮为指导思想,崇尚"新闻自由",却又避安于享有"领事裁判权"的租界。民国成立后,中国的近代报业初具规模,已经是一股不可忽视的社会力量,足以引起政府关注。中国的近代报人们,希望民族独立,外敌溃败,拒绝统治和管理,他们所向往的"绝对自由"也对南京临时政府的新闻管理产生了较大影响。

---

① 朱汉国、杨群主编《中华民国史》(第二册·志一),四川人民出版社,2006,第253页。

第二章　南京临时政府新闻管理体制的思想内涵

晚清时期，中国社会即将发生的剧烈变革，已经逐渐孕育成熟，兵戈炮火不过是革命诞生的欢庆烟火罢了。真正的革命，早已在关于民主和自由的思潮中萌芽。这是一场看不见硝烟的战争，封建专制思想与近代自由主义思潮的厮杀。民国初立，百废待兴，法度未成，政府的运行并没有成熟的机制保障，更多是依赖从辛亥革命一路走来的革命家、政治家们。这些南京临时政府的要员，对于新闻事业的发展，各有自己的想法和理念。当这些理念被贯彻到新闻事业的管理方面时，便形成了民国初期零散的新闻管理措施。

第一节　言论出版自由是新闻管理体制的核心

迫于鸦片战争的失败，国门大开，西方文明得以在中国这片近于沉睡的土地上传播。19世纪的西方世界，已经完成了工业革命。随着资本主义的恣意发展，古典自由主义思潮的民众认同度达到顶峰。它认为自然秩序是神圣的，生命权、自由权和财产权是与生俱来的，不容他人剥夺或侵害。西方世界在这股自由主义思潮的引导下，推翻封建王朝，建立资产阶级政权，反对专制，推崇自由权利。这是一种完全异于中国人认知的价值观，封建王朝的禁锢和压迫早已在中国人心中埋下了反抗的火种，此时西方传来的这一切都足以令国人无限憧憬。晚清二十年，是在自由主义思潮与专制王权斗争中度过的。具体表现在民众对于"言论自由"的追求和向往，并且为之不懈奋斗。这份战斗精神直到民国成立，势头依然强劲。这直接影响了南京临时政府对于新闻事业的态度和管理举措。

一　自由主义思潮对专制思想的冲击

在自由权利中，言论自由是个经久不衰、常说常新的话题。所谓言论自由，即一国公民通过语言表述各种思想和见解的自由，其被视为有代表性的公民自由权利，应该是免受政府行为干涉的。1789 年法国《人权与公民权宣言》把言论自由作为人权的最重要的内容之一加以规定："意见的发表只要不扰乱法律所规定的公共秩序，任何人都不得因其意见甚至信教的意见而遭受干涉；自由传达思想和意见是人类最宝贵的权利之一；因此，各个公民都有言论、著述和出版的自由，但在法律所规定的情况下，应对滥用此项自由负担责任。"美国最高法院大法官荷姆斯在"阿布拉姆与美国联邦政府案"判决中写道："对一个念头是否为真理最好的测试，即凭借其力量在竞争市场中为人接受，并且惟有基于这样发现的真理，才能稳固地达成他们的愿望。"①

西方的这些价值理念最先由传教士带入中国。1815 年 8 月 5 日，以华人为对象的中文月刊《察世俗每月统记传》由英国传教士威廉·米怜在马六甲创办，以传播基督教和伦理道德为宗旨。1833 年 8 月 1 日，普鲁士传教士郭士立在广州创办《东西洋考每月统记传》，至此，中国诞生了本土第一家中文刊物。郭士立对于了解清代中国的社会状况有着浓厚的兴趣，他的个人经历体现在报纸定位和内容上，重点也不再是传教，而是以要"摧毁横隔在中外人民之间的城墙"为宗旨，采用中国人接受的方式，介绍西方的历史地理、民情风俗，播撒西方文明与知识的种子。

古老的中国有着"礼仪之邦"的称号，汉家文化向来视异族为蛮夷。

---

① 〔美〕亚历山大·米克尔约翰：《表达自由的法律限度》，侯建译，贵州人民出版社，2003，第 23~45 页。

西方传教士在中国的办报之旅，堪称"近代文明拓荒"。在这一过程中，西方人逐渐发现中国缺失的并不仅仅是宗教信仰，还有对自然科学知识的探索普及。传教士开始研习中文，并利用薄薄的些许纸张，扩散教义与自然科学知识，试图将内容传入中国。1835 年，《东西洋每月统记传》将"国会"的概念引入中国，尽管未得广泛关注，却传播了一个截然不同的政治概念，谁也没有想到这将会对中国的传统封建专制制度产生颠覆性的影响。"英吉利国之公会，甚推自主之理……倘国要旺相，必有自主之理。"① 对于"自主之理"，《东西洋每月统记传》也做出了解释：

> 自帝君至于庶人，各品必凛遵国之律例……至于自主之理，与纵情自用迥分别矣……欲守此自主之理，大开言路，任意无碍，各语其意，各著其志。至于国之法度，可以议论慷慨。若官员错了，抑官行苛政，酷于猛虎，明然谏责，致申训诫敬，如此露皮漏肉，破衣露体，不可逞志妄行焉。②

照上述释义"国之公会"与现代政治文明下的"国会"意义很相似，核心都是强调民之自主权，这与传统的专制制度是彻底相悖的。

伴随着传教士刊物的流传，西方传播文明浸润着中国这片干涸的土地，中国自身的新闻事业逐渐开始发展。"被西方资产阶级思想家推崇为'一切自由中最重要的自由'的言论出版自由，从 19 世纪中叶起，就成为中国资产阶级改良主义者的理想和追求。"③ 西方对言论自由的保护和尊重，深深地影响了中国的第一代留洋人士，他们接受了西方教育，深受熏陶，反观自己的祖国，封建专制势力早已将人民的自由意识消磨殆尽，四万万人口都如圈中的牛羊，待宰容烹。强烈的反差对比唤醒了他们内心的渴望，同时吸引了更多的有识之士顺应自由的召唤，走出国门，去见识、

---

① 黄时鉴整理《东西洋考每月统记传》，中华书局，1997，第 186 页。
② 黄时鉴整理《东西洋考每月统记传》，中华书局，1997，第 339~340 页。
③ 袁新洁著《近现代报刊"文人论证传统研究"》，江西人民出版社，2009，第 121 页。

学习什么是言论自由。

国人想要在中国展开新闻实践，则必须得到专制政权的认可。早期的仁人志士对此有着积极的尝试："早在维新运动兴起之前，王韬等人就发出过要求解除言禁、允许私人办报的呼吁，清廷未予理睬。'公车上书'中，康有为又提出了'纵民开设'报馆的要求，也未得到皇帝的首肯。直到'百日维新'期间，光绪帝才以具有法律效力的上谕形式，正式承认官报、民报的合法地位。"急于建立自身力量以对抗慈禧太后的光绪皇帝曾下令开放"报禁"，"1898 年 7 月 26 日，光绪皇帝就孙家鼐奏准议上海《时务报》改为官报一折发布的上谕，成为中国历史上第一个公开宣告开放'报禁'的法令，标志着文化专制主义的'言禁'、'报禁'藩篱被首次突破。其间，康有为在上光绪皇帝《请定中国报律折》中，首次提出了报律的制定问题；同日，光绪帝就发布了有关制定报律的上谕。惜政变发生，制定报律的设想未及付诸实践就夭折了，维新运动期间松开的'言禁'、'报禁'罗网又被重新收紧。"① 遭到了封建专制顽固势力的强势打压，革命志士为此付出了生命的代价。

从西方传教士引入近代报刊到中国人效仿学习新型传播方式，从形式载体的模仿到内容的独立创作，从"言禁""报禁"森严的专制管理模式，到官报、民报的合法地位被上谕承认，这是"言论自由"在中国落地发展的过程，也是其对完全封闭的"专制"体制的冲击。

1872 年，《申报》问世，在对市井琐闻和社会变化关注的同时，重视对国内外大事的采访和记载，"将天下可传之事，通播于天下"。《申报》成为 19 世纪晚期至 20 世纪中期极具影响力的中文日报。1874 年 2 月 4 日，王韬在香港创办《循环日报》，以"变法自强"为宗旨，是一份以政论为灵魂的报纸。1897 年 1 月，谭嗣同在其完成的重要哲学著作《仁学》中，猛烈抨击"三纲五常"。1897 年 12 月，康有为第五次上书光绪帝，强调变法维新、救亡图存已刻不容缓。其"及时发愤，革旧图新"的诉求，被上

---

① 袁新洁：《近现代报刊"文人论证传统研究"》，江西人民出版社，2009，第 121 页。

海、天津等地报纸纷纷转载。

在清廷的高压管控下，早期的报纸刊物在内容选择上非常谨慎，主要登载报道一些简单信息，比如商品交易、科普宣传等，鲜有涉及政治内容，即便有，大多也是支持清政府的保皇主义，因此清政府并未严令禁止。尽管依旧处于政治边缘地带，早期的报刊却发挥出受众群培育的重要作用，传播内容和形式配合商品经济的发展，突破小农社会的社交结构，大大拓宽了普通民众的视野，为随后新闻事业的迅速扩张奠定基础。

传统的形成是日积月累的沉淀，传统的打破必然非常艰辛。人内心固有的观念是很难改变的。彼时的中国民众并不具备现代新闻事业所需要的受众素养，因此各种形式的言论载体都必须"中国化"，才能在中国落地生根。这个"中国化"，不仅仅是以中文为出版文字，也不是简单地报道中国本土的新闻。《申报》虽然是外国人办的，却处处考虑到中国人的阅读习惯，担任笔政也都是中国文人。内容大到国家政治、中外交涉要务，小至风俗变迁、商家贸易利弊。"凡国家之政治、风俗之变迁，中外交涉之要务，商贾贸易之利弊，与夫一切可惊可愕可喜之事，足以新人听闻者，靡不毕载。"① 其在创刊之初就明确："慎勿评品时事，臧否人物，以缨当世之怒，以取禁止之耻。"②

不同于邸报、"宫门抄"这种单纯传达上级行政机构信息的工具，近代中国人对于报纸这一新式传播载体，有着新的价值评判和期冀。从社会的细枝末节起，中国人逐渐开始接触不同的声音，开始知晓自己生活圈子以外的事情。"言论自由"思潮逐渐在中国社会蔓延。这些新的理念和期冀并不完全一致，形成几股思潮，共同影响着当时新闻事业的发展。

首先，报纸有信息通达的价值。中国古代"言论"是为了更好地稳定统治，而现代新闻事业的价值追求，则更多地倾向于从自然法角度去理解"言论自由"，表达自己的意见是人的本能，维护言论自由不是为了任何政

---

① 方汉奇主编《中国新闻传播史》，中国人民大学出版社，2002，第64页。
② 《书同治十三年申报总录后》，《申报》1875年2月22日。

权的稳固，只是为了捍卫人们说话的权利，为了真正的言论自由。

1896 年，梁启超在《时务报》发表《论报馆有益于国事》（图 2-1），在此文中，梁启超写道，彼时的中国“上下不通”“内外不通”，即无论是国内政府与民众之间，还是国内与国外之间，信息都是闭塞不通的，“上下不通，故无宣德达情之效，而舞文之吏，因缘为奸。内外不通，故无知己知彼之能，而守旧之儒，反鼓其舌，中国受侮十年，坐此焉耳”。这是中国贫弱的根源。

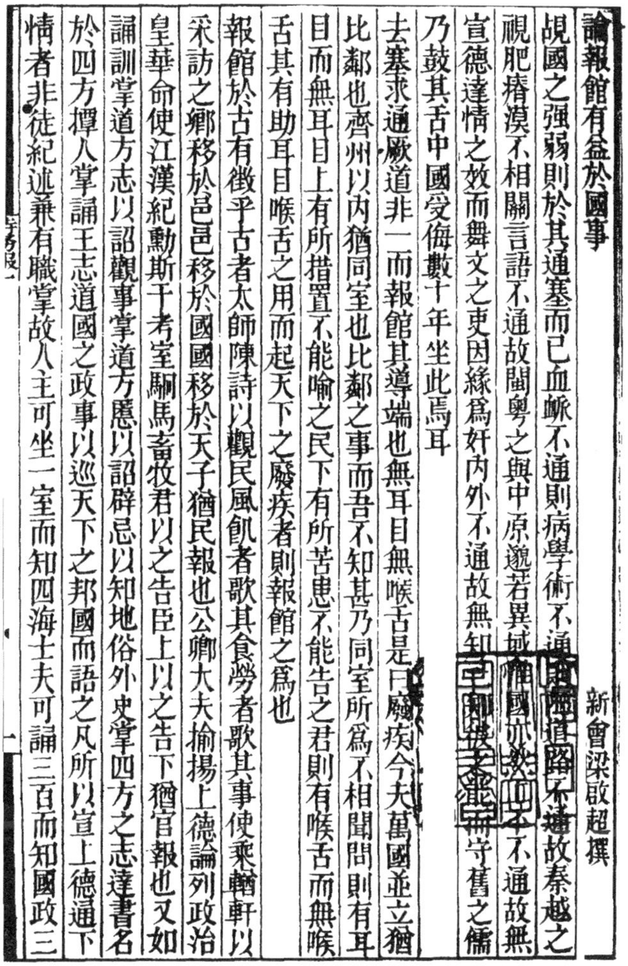
論報館有益於國事　新會梁啟超撰
覘國之强弱則於其通塞而已血脈不通則病學術不通則陋道路不通故秦越之
視肥瘠漠不相關言語不通故閩粵之與中原邈若異域惟國亦然上下不通故無
宣德達情之效而舞文之吏因緣爲奸內外不通故無知己知彼之能而守舊之儒
乃鼓其舌中國受侮數十年坐此焉耳
去塞求通厥道非一而報館其導端也無耳目無喉舌是曰廢疾今夫萬國並立猶
比鄰也齊州以內猶同室也比鄰之事而吾不知甚乃同室所爲不相聞問則有耳
目而無耳目上有所措置不能喻之民下有所苦患不能告之君則有喉舌而無喉
舌其有助耳目喉舌之用而起天下之廢疾者則報館之爲也
報館於古有徵乎古者太師陳詩以觀民風飢者歌其食勞者歌其事使乘輶軒以
采訪之鄉移於邑邑移於國國移於天子猶民報也公卿大夫揄揚上德論列政治
皇華命使江漢紀勳斯干考室駉馬畜牧君以之告臣上以之告下猶官報也又如
誦訓掌道方志以詔觀事掌道方慝以詔辟忌以知地俗外史掌四方之志達書名
於四方撢人掌誦王志道國之政事以巡天下之邦國而語之凡所以宣上德通下
情者非徒紀述兼有職掌故人主可坐一室而知四海士夫可誦三百而知國政三

图 2-1　梁启超《论报馆有益于国事》

　　而报刊恰恰是"去塞求通"的特殊工具，"去塞求通，厥道非一，而报馆其导端也"，"其有助耳目喉舌之用，而起天下之废疾者，则报馆之谓也"。① 通过报刊，民众可以知晓远在生活范围之外的人和事；通过报刊，则"上通下达"。报刊好比民众的耳目喉舌，通晓信息，表达需求。报馆"朝登一纸，夕布万邦。是故任事者无阂隔蒙昧之忧，言学者得观善濯磨之益"，"阅报愈多者，其人愈智；报馆愈多者，其国愈强"。② "《申报》以'金口木舌'（以木为舌的铜铃）为报徽，试图担当起民间舆论的角色。多年后《申报》发表的论说《论新闻纸之有益》文中说：'民为邦本，本固邦宁。……而欲知民情，莫捷于新闻纸。'它在创刊当天的《本馆条例》中就提出，言论要'有系乎国计民生'，'上关皇朝经济之需，下知小民稼穑之苦'，发表了不少批评现实的'论说'，从而成功地打开局面。正是从《申报》开始，报纸才真正开始走进中国人的生活中。"③ 1902 年 7 月 17 日，《大公报》在天津发刊，创始人英敛之以"开风气，牖民智，艳彼欧西学术，启我同胞聪明"④ 为办报宗旨。英敛之十分推崇英国的自由主义报刊思想，他熟知约翰·弥尔顿、厄斯金这些最早的英国报刊自由主义理论的创始人的基本思想，也深受《泰晤士报》的自由主义风格启迪。英敛之认为，中国若要强盛，必须通达信息，开启民智，多办新式学堂，多开报馆。

　　其次，报纸有监督政府的价值。1893 年，郑观应的政论文集《盛世危言》出版。他在《日报》一文中认为报纸有监督功能，"秉笔者有主持清议之权，据事直书，实事求是，而曲直自分，是非自见"，"大小官员苟有过失，必直言无讳，不准各官与报馆为难"，才能使"民信不疑"。⑤ 这体现了近代中国思想者对报纸价值的一种认识。郑观应是中国近代早期资产阶级改良派思想家、爱国民族工商业家，其大力宣扬西方议会制度，力主中国应实行政治制度的变革，实行君主立宪制，希望在保留君主的前提下

---

① 梁启超：《论报馆有益于国事》，《时务报》1896 年 8 月 9 日。
② 梁启超：《论报馆有益于国事》，《时务报》1896 年 8 月 9 日。
③ 傅国涌：《笔底波澜：百年中国言论简史》，中华书局，2013，第 3~4 页。
④ 何炳然：《〈大公报〉的创始人英敛之（续）》，《新闻与传播研究》1987 年第 2 期。
⑤ 夏东元编《郑观应集》（上册），上海人民出版社，1982，第 350 页。

改良政治。光绪二十年（1894 年），郑氏《盛世危言》问世，通过这本著作，他的政治改良思想得以向世人宣传。书中他提出要"多办日报"，主张广办报纸，以使下隐可以上达，并对大小官员起舆论监督作用，以劝善惩恶，兴利除弊。其虽强调报纸具有监督功能，但他视报纸为"清议"的新形式，报纸所承载的"监督"功能也是为了更好地改进君主的统治。这也是一大批近代改良派的共同认识。

此时同为保皇派的梁启超，也视报纸为政治宣传工具。梁启超在 1903 年《新民丛报》改版时就特设《批评》一栏，以发挥监督作用。在其《敬告我同业诸君》一文中，宣称舆论虽然无形却是最根本的方式，所以报刊要担负起监督政府的责任（图 2-2）。"报馆之视政府，当如父兄之视子弟，……教导与扑责，同时并行，而一皆以诚心出之。"① 这个阶段他所从事的所有办报活动，都是为了督促清廷改良政治，强调报刊对当局的"如父子般"的监督教导职责，以维护皇权稳定。

再次，报纸有"论政"价值。1874 年 2 月 4 日，王韬在香港创办《循环日报》，无疑是百年言论史上的一件大事，其以"华人资本，华人操权"为宗旨，真正迈出了中国人自办报纸的第一步。

王韬曾追求仕途，却名落孙山。1857 年参加《六合丛谈》的编辑工作，是王韬报刊活动的开始，1864 年兼任《近事编录》的编辑工作。1874 王韬年创办《循环日报》，亲自任主笔十年之久，在《循环日报》上发表八百余篇政论，鼓吹中国必须变法，兴办铁路、造船、纺织等工业以自强。王韬的政论不以维护专制统治为根本目的，相反，尖锐地指出专制之误，力图推进新思想、新政治。这与"清议"有着本质的区别，也是近代新闻事业开端的重要标志之一。"科举制废除之后，儒学与王权结合的制度性渠道崩解，传统士大夫向现代知识精英转型，诉求的视野不再仅仅聚焦在君主身上，而是向社会传播扩散。"②

---

① 张品兴主编《梁启超全集》（第二卷），北京出版社，1999，第 970 页。
② 倪琳：《晚清清议向舆论演替的历史动因》，《江西师范大学学报》（哲学社会科学版）2011 年第 4 期。

> 8　説　論
>
> 據言論出版兩自由以冀行監督政府之天職者也故一國之業報館者苟認定此天
> 職而實踐之則頁政治必於是出焉拿破崙常言有一反對報館則其勢力之可畏
> 視四千枝毛瑟鎗加焉」誠哉報館者揣詔專制之戈矛防衛國民之甲冑也在
> 泰西諸國立法權司法權既已分立政黨既已確定者而其關係之重大猶且若是而
> 況於我國之百事未舉惟特報館為獨一無二之政監者乎故今日吾國政治之或進
> 化或墮落其功罪不可不專屬諸報館我同業諸君其知此乎其金此乎常必有罣然
> 於吾儕之地位如此其居要吾儕之責任如此其重大者其尚忍以文字為兒戲也抑吾
> 中國前此之報館固亦自知其與政府有關係焉矣然其意曰吾將為政府之顧問焉
> 吾將為政府之拾遺補闕焉君此者吾不敢謂非報館之一職雖然謂吾職而發於是
> 為非我等之所以自處也何也報館者非政府之臣屬而與政府立於平等之地位者
> 也不寧惟是政府受國民之委託是國民之雇傭也而報館則代表國民發公意以為
> 公言者也故報館之視政府當如父兄其子弟其不解事也則教導之其有過失也
> 則扑責之而豈以主文譎諫舉乃事也夫吾之為此言非謂必事事而與政府為難也

图 2-2　《敬告我同业诸君》

　　王韬的政论强调文章是"载道之器",不应拘泥于文法,墨守成规。他的政论文章短小精悍,切中时弊,被认为是中国新闻界政论体的开端。1875 年王韬发表了著名的《变法自强上》《变法自强中》《变法自强下》三篇政论,在中国历史上首次提出"变法"的口号,不同于郑观应对君主的维护,王韬更注重政治制度的改进和政治文明的进步。公开提倡对政治进行"变法"是中国言论史上浓墨重彩的一笔。政论体对后世影响深远,1904 年保皇派人士创办《时报》,特开辟《时评》专栏,重视新闻、言论,紧密配合时事要闻。

二　专制制度对民主思潮的妥协

清末的报纸，对自己肩负的使命有了新的认识。他们不仅仅履行通达信息、开启民智这样的基本职能，还有对于政府行为的监督，对政治文明的改善。如果说 19 世纪晚期，报纸的监督职能只是一种思潮，那么 20 世纪初的这几年里，几乎所有的报人都意识到了监督职能对于报纸存在的意义。

英敛之受英国自由主义报刊思想感染，对言论自由的崇尚在本质上有别于郑观应的君主至上观。因此，英敛之所谓报纸须负"监督"之责，更多的是对普通民众天然权利的维护，强调的是政府的服务性质。1903 年 9 月，《大公报》先后发表《论新闻纸与民智通塞有密切之关系》《论新闻纸之职分》等社论，称报纸有"化野蛮为文明"，"论新闻纸之权力，可以督饬国民……论报纸之效验，可以转移风俗，即朝廷之政令，亦莫能敌其力"的功能。沈荩之死虽然是清廷残酷的警告，却坚定了进步报人的信念，监督职能一日得不到认可，报纸便一日实现不了真正的价值，"言论自由"永远只是纸上谈兵。"报馆者即据言论出版两自由，以实行监督政府之天职者也。"① "1907 年 4 月 29 日的社论《论现在之报馆》中，于右任指出，报馆天职就是'监视政府'、'为民请命'。他告诫记者们，'一报之名誉，一报之价值，乃至一报之精神命脉，皆悬于诸君之手'，要求他们'务必为各种社会之监督。凡于其地发生之事件，害群者必纠弹之，利群者必扬励之'。"② 他们不再对封建王权"讳之莫深"，并勇于表达自己的立场和观点。

"1903 年，《浙江潮》以'眷念故国'、'输入文明'为宗旨，第 5 期刊出《论欧美报章之势力及其组织》，称报纸是'第四等级'，是'国民教育之大机关'，其力量超过了'四千毛瑟枪'。"③ 同期，英敛之提出办

① 张品兴主编《梁启超全集》（第二卷），北京出版社，1999，第 969 页。
② 刘青松：《天朝的天窗：晚清最后十年报刊风暴》，上海三联书店，2012，第 204 页。
③ 傅国涌：《笔底波澜：百年中国言论简史》，中华书局，2013，第 53 页。

报乃强国之举，应当将办报提升到"国家思想"的高度，中国的报纸应该跨越阶层限制，做属于全体国民所有的大众化"高级报纸"。

> 吾辈为在大处着眼，不能畏忌权势，不能瞻徇私情，更不能逞其私愤，应如何力持公理，为国家谋治安，为人民谋幸福；应如何结一团体，扶正抑邪，兴利除弊，使社会隐受其益。此吾辈开宗明义第一章，所当筹计谋求者也。①

梁启超认为报纸应独立于政府，报人也应保持自身思想的独立性，能"全脱离一党报之范围，而进入一国报之范围，且更努力渐进以达于世界报之范围"。② 在他看来，报馆与政府不存在隶属关系，相反应该是平等的，报馆应是独立于行政权之外的存在。

> 报馆者，非政府之臣属，而于政府立于平等之地位者也；不宁惟是，政府受国民之委托，是国民之雇佣也，而报馆则代表国民发公意以为公言者也。③

他将报馆视为国民公意的代表：

> 思想自由、言论自由、出版自由，此三大自由者，实惟一切文明之母，而近世世界种种现象皆其子孙也。而报馆者实荟萃全国人之思想言论，或大或小，或精或粗，或庄或谐，或激或随，而一一绍介之于国民；故报馆者，能纳一切，能吐一切，能生一切，能灭

---

① 《大公报序》，《大公报》1901 年 6 月 17 日。
② 梁启超：《清议报一百册祝辞并论报馆之职责及本馆之经历》，张品兴主编《梁启超全集》（第一卷），北京出版社，1999，第 478~480 页。
③ 梁启超：《敬告我同业诸君》，张品兴主编《梁启超全集》（第二卷），北京出版社，1999，第 970 页。

一切。①

因此，梁启超指出："报馆者摧陷专制之戈矛，防卫国民之甲胄也。"②这一思想在当时甚是得到报界看重，《大公报出版弁言》宣示于天下：

> 本报但循泰西报纸公例，知无不言，以大公之心发折衷之论；献可替否，扬正抑邪，非以挟私挟嫌为事；知我罪我，在所不计。③

一个"折衷"道尽其中含义，便是希望报刊能够做到客观、公正、理性，不依傍和屈从于任何社会势力。同样，对任何激进和暴力主义都持保留态度。

相对于清廷的惶恐和疯狂，进步人士虽然屡遭打压，却依旧斗志昂扬，他们预感到革命的浪潮，绝不是封建王权能够一味阻挡的。进步报刊愈挫愈勇，流血牺牲亦不足惜，"各国变法无不从流血而成"。深受西方自由主义思潮影响的进步人士，不缺乏这份为自由而战的勇气。这些引起了清朝统治集团的惶恐和不安，封建王权的维系受到了前所未有的威胁，这一张张进步的报刊，一篇篇激扬的政论，都使清廷措手不及，他们意识到这已经不再是零星的社会新事物，而是一场可怕的政治革命。

在行使武力压制"言论自由"思潮受挫后，清廷统治集团意识到强权并不能解决问题，查禁报馆也不能阻碍甚至掐灭民众对"言论自由"的追求，于是他们开始寻求形式变通，以期在汹涌如潮的舆论大浪中，占有一席之地，以维护专制王权的稳固。

1906 年 9 月 1 日，清廷颁发了《宣示预备立宪谕》，宣布将进行政治改革：一是行政改革；二是设立议会；三是实行地方自治。1906 年 11 月

---

① 吴廷俊：《中国新闻传播史稿》，华中科技大学出版社，1999，第 100 页。
② 梁启超：《敬告我同业诸君》，张品兴主编《梁启超全集》（第二卷），北京出版社，1999，第 969 页。
③ 《社评》，《大公报》1902 年 6 月 18 日。

15 日，御史赵炳麟奏折称："开通风气，以报章之力居多。现在朝廷已颁布立宪之诏，尤以拓张民智为不可缓之图。"要求朝廷令各省办报，"并由政治馆颁行政务官报"。1907 年 4 月 17 日，清廷批准了御史赵炳麟的建议，23 日设立官报局，着手筹办官报。试图通过官报重构舆论平台。同时，清廷着手制定一系列关于报刊出版发行的法规制度。

其实早在维新变法之时，光绪皇帝便对民间办报持开明态度：

> 报馆之设，所以宣国是而达民情，必应官为倡办。……各报体例，自应以胪陈利弊，开拓见闻为主，中外时事均许据实昌言，不必意存忌讳，用副朝廷明目达聪、勤求治理之至意。[1]

遗憾的是光绪皇帝在清朝统治集团中并没有实权，因此这份来自朝廷的开明只是昙花一现，便隐没在极端的镇压举措中。为了假意顺应潮流，做出开明姿态，同时在日渐崛起的民间舆论中夺得一席之地，1907 年，《政治官报》在北京创刊。官报由清政治考察馆主办，官报局印行，开办经费及常年经费由清政府及地方共同分担。《政治官报》专以列载国家政治文牍和立宪法令，内容设谕旨批折宫门抄、电报奏咨、奏折、咨札、法制章程、条约合同、报告示谕、外事、广告、杂录等，重在鼓吹"预备立宪"，按期分送京内各部院及各省督抚衙门，发行四处。清廷开办官报，并促生了"京报"产业。"但各种不同版本的共同之处在于都刊登皇帝通过内阁——京城皇宫内阁办公室发布的公报，各种不同公报内容上唯一的不同在于对文件的选择。每日发布的文件往往对普通的每日公报篇幅过大，通常会大大超过每隔一天发表的版本的篇幅，这在各个省中是司空见惯的。中国的公报虽然在外观和要旨上与 1926 年终华盛顿开办的《美国日报》不同，但却符合其自身描述：印送各路电报，只选择有用者，照原

---

① 杨天石：《光绪皇帝的新闻思想》，《炎黄春秋》2003 年第 8 期。

文抄录，凡有涉及时政，臧否人物者，概不刊登。"①

在此期间中国开始出现报界团体。1908 年，广州 10 家报纸联合组成了广州报界公会。1910 年 9 月 4 日，中国报界俱进会在南京成立，上海《时报》、《神州日报》、《申报》及天津《大公报》等 20 个省市、40 余家报纸派代表出席。这是中国第一个全国性的新闻界团体。报界团体的出现，说明行内人开始求同存异，联合实力，一致对外，是报界势力增强的表现。其"强化报馆监督政府、指导社会的职能和作用，在政治与社会事务中扮演重要角色，可视为清末民初民间社会扩张的重要组成部分"。②

中国的新闻事业进入了新的历史时期，中国近代报业初具规模，已经是一股不可忽视的社会力量，足以引起政府关注。从以开启民智、救亡图存、反抗封建专制政权为目标，到以监督政府、承担报人"第四种族"使命为己任，这是新闻自由的胜利，也是新闻业发展的一个突破。随之而来的，便是政府对于新闻事业管理理念和举措的变化。

三　对言论出版自由的充分保障

"辛亥革命后，革命党人普遍认为，只要有了言论自由，国家很多问题就都可以解决了，中国也就可以成为独立强生的国家。这就使得他们对言论自由抱有特别大的幻想。马君武革命之后就撰文倡导言论自由，章太炎也提出：'革命军起，革命党消，天下为公，乃克有济。'临时政府的《对外宣言书》，也慨然宣称：'天赋自由，蓦想已夙，祈悠久之幸福，扫前途之障蔽。怀此微忱，久而莫达'，'今日之日，始于吾古国历史中，展光明灿烂之一页，自由幸福，照耀寰宇，不可谓非千载难得之盛会也。'革命党人对自由的向往和钟爱在宣言中溢于言表。"③作为深受西方文明浸染的革命党人及革命政权，对"言论自由"的态度更是不言而喻。清廷专

---

① 〔美〕白瑞华：《中国近代报刊史》，苏世军译，中央编译出版社，2013，第 22 页。
② 赵建国：《分解与重构：清季民初的报界团体》，生活·读书·新知三联书店，2008，第 3 页。
③ 袁新洁：《近现代报刊"文人论证传统研究"》，江西人民出版社，2009，第 126 页。

制统治下，言论管控十分苛刻，民众无法享有这天赋的政治权利。对于向往开放文明的有识之士而言，言论压制是荒谬且痛苦的。一方面，言论自由是他们的革命动力；另一方面，这也是他们的革命武器。他们热衷且擅长用各种宣传方式，向专制政权发出抵抗的声音，以唤醒麻木的民众并肩同行。

南京临时政府成立后，尽管身份角色有所改变，然而对于"言论自由"的态度一直是认可并多次予以保护的。《临时政府公报》有记录一则从南京临时政府当局发出的电报，内容如下：

> 何谓国民范围？思想言论，皆能自由，惟不能违背法律而已。何谓政府范围？受议会之制裁，为国民之公仆，一切行政人员，皆须秉承中央命令，取一致之行动。有不适意者，当谏阻之；谏而不听，当力争之；力争不得，则去位。如是则身为国民，言论乃可自由。①

这则电文明确提出并强调了身为国民则享有言论自由的权利，官方立场表达得清晰到位，将触及"言论自由"底线的后果也分析得很透彻。在新闻事业管理这个问题上，可以说保障"言论自由"是南京临时政府所有政府行为的核心要义。在《大总统通令开放胥民惰户等许其一体享有公权私权文》里，对言论自由也有所提及：

> 天赋人权，胥属平等。……为此特申令示，凡以上所述各种人民，对于国家社会之一切权利，公权若选举、参政等，私权若居住、言论、出版、集会、信教之自由等，均许一体享有，毋稍歧异，以重人权而彰公理。该部接到此令之后，即行通饬所属一体遵照，并出示

---

① 刘萍、李学通主编《辛亥革命资料选编·第四卷》（下册），社会科学文献出版社，2012，第694页。

晓谕该省军民人等，咸喻此意。此令。①

孙中山曾将"压制言论自由"置于清廷专制十大罪行之一，痛斥道：

> 我要在这里再次列举二百六十年来鞑虏统治期间，我们所身受的主要虐政：一、满洲人的统治是为其本族的私利，而不是为了全体国民。二、他们反对我们在智力方面和物质方面的进步。三、他们把我们作为被统治民族对待，否认我们各种平等的权利和特权。四、他们侵犯我们不可让于的生存权、自由权和财产权。五、他们纵容和鼓励贪污行贿。六、他们压制言论自由。七、他们未经我们的同意，不公平地向我们征收重税。八、他们实行最野蛮的酷刑。九、他们不经法律而剥夺我们的各种权利。十、他们不能履行职责、以保障其辖区内居民的生命和财产。②

可见，争取言论自由原本就是革命的动力和目的之一。南京临时政府成立后，南京方面一直在积极奔走于各方势力之间，希望能够平稳地走向共和，在中华大地上实现民主治国。1912 年 3 月 11 日公布的《中华民国临时约法》有规定："四、人民有言论、著作、刊行及集会、结社之自由。"③ 以宪法性文件明确规定公民的言论自由权利，可通过语言表述思想和见解的自由。

革命党出身的孙中山等南京临时政府要员们，即便意识到了过度的"言论自由"已经造成监管困难，然而还是放不下一贯以来他们为之骄傲和奋斗的"自由"使命，以至于后期在"暂行报律"风波中一败涂地。

契约论者如霍布斯和洛克都认为政府是必要的恶，功利论者边沁认为

---

① 刘萍、李学通主编《辛亥革命资料选编·第四卷》（下册），社会科学文献出版社，2012，第 862 页。
② 孙中山：《我的回忆——与伦敦〈滨海杂志〉记者的谈话》（一九一一年十一月中旬），转引自陈夏红选编《孙中山答记者问》，中国大百科全书出版社，2012，第 20~21 页。
③ 朱汉国、杨群主编《中华民国史》（第二册·志一），四川人民出版社，2006，第 253 页。

国家的仅有作用是增进人们的幸福、减少他们的痛苦，这就为政府干预经济和其他事务提供了理由。受这种思想引导，居正等南京临时政府新闻管理要员认为，新闻事业需要政府的监管。绝对的新闻自由带来很多负面影响，虚假信息泛滥，革命政权屡遭质疑，以致临时政府颤颤巍巍，弱不禁风。据《临时公报》第三十号，1912 年 3 月 4 日，内务部以前《大清报律》已废除，民国报律尚未颁布，报刊出版发行工作无章可循，从而制定《民国暂行报律》，令报界遵守。其内容有三：

> 一、新闻杂志已出版及今后出版者，其发行人及编辑人姓名，须向本部呈明注册，或就近地方高级官厅呈明，咨部注册；二、流言煽惑关于共和国体有破坏弊害者，除停止其出版者，其发行人、编辑人并坐以应得之罪；三、调查失实，污毁个人名誉者，被污毁人得要求其更正。要求更正而不履行时，经被污毁人提起诉讼时，得酌量科罚。[①]

该律一经公布，旋即遭到报界人士以政府干涉言论自由、罔顾法律制定程序为由而对其进行猛烈抨击。上海中国报界促进会关于拒绝《民国暂行报律》的通电申明：

> 今统一政府未立，民选国会未开，内务部擅定报律，侵夺立法之权。且云煽惑关于共和国体，有破坏弊害者，坐以应得之罪。政府丧权失利，报纸监督并非破坏共和。今杀人行劫之律尚未定，而先定报律，是欲袭满清专制之故制，钳制舆论，报界全体万难承认。[②]

革命党人章炳麟在《却还内务部所定报律议》中也向临时政府发难：

---

① 《临时政府公报》（第三十号），转引自刘萍、李学通主编《辛亥革命资料选编》第四卷（下册），社会科学文献出版社，2012，第 790~791 页。
② 倪延年：《中国报刊法制发展史》（史料卷），南京师范大学出版社，2006，第 76 页。

"今详问内务部：是否昌言时弊，指斥政府，评论《约法》，即为弊害共和国体？……若果如前所说，内务部详定此条，直以《约法》为已成之宪，以政府为无上之尊。岂自处卫巫之地，为诸公监谤乎？"[1]

此后，孙中山下令撤销：

案言论自由，各国宪法所重，善从恶改，古人以为常师，自非专制淫威，从无过事摧抑者。该部所布暂行报律，虽出补偏救弊之苦心，实昧先后缓急之要序，使议者疑满清钳制舆论之恶政，复见于今，甚无谓也。[2]

虽经历清政府严厉管制镇压，然言论自由之势却愈演愈烈，及至辛亥革命，各方人士或通过大报小报，或通过演讲授课，无不在积极发表自己的见解。到南京临时政府成立，经过这么多年的斗争酝酿，终于在《中华民国临时约法》中，合理规定了此项权利，又通过"暂行报律"风波得以巩固。至此，言论自由权利得到法律保障，也成为新闻宣传事业的一项护身符。言论出版自由成为南京临时政府新闻管理体制的核心，为新闻业的蓬勃发展提供了有力的保障。同时，革命党人所向往的"绝对自由"也为南京临时政府的新闻管理埋下了隐患。

第二节　对清末新闻法制的继承与改进

武昌起义后，革命洪流愈加汹涌，本就岌岌可危的清廷统治受到严重打击。南京临时政府仓促成立后，将精力更多地投入与北方军阀谈判如何

---

[1]　倪延年：《中国报刊法制发展史》（史料卷），南京师范大学出版社，2006，第77~78页。

[2]　《临时政府公报》（第三十三号），转引自刘萍、李学通主编《辛亥革命资料选编》第四卷（下册），社会科学文献出版社，2012，第810页。

实现共和方面，而对于一般的社会管理体制，则有选择性地继受清朝相关规定。

> 3月10日：袁世凯发布通告，以民国法律尚未议定颁布，前清诸法律除与民国国体抵触之条应失效外，其余一律延用。①
>
> 3月24日：孙中山据司法部呈：前清民刑各律及诉讼法除第一次刑律草案关于帝室之罪及关于内乱之罪死刑不能适用外，余皆继续有效，俟民国法律颁布即行废止。是日孙中山将此案咨请参议院审议施行。②

1906~1908年，清廷相继颁布了《大清印刷物专律》《报章应守规则》《报馆暂行条规》及《大清报律》，构成了比较完备的新闻法律体系。在当时的历史条件下，南京临时政府尚无力全面更新旧制。因此，在不影响共和国体的情况下，有条件地沿用一些技术性条款，可以更加有效地行使社会管理职能，新闻管理法制亦是如此。

一 相似的新闻宣传方式

古时的中国，皇权神圣不可侵犯，其统治讲究神秘莫测以使百姓敬畏无比。自子产"铸刑书"之后，中国才开始了公布成文法的历史。而封建王朝为维持统治，神圣皇权，自是没有政务公开一说，民间更是讳谈"国事"。及至清廷时期，官方为宣布传达信息，设置专门的形式，即邸报。"谕旨及奏疏下阁者，许提塘官誊录事目，传示四方，谓之邸报。"③ 邸报的存在是为了传知朝政，由各省驻京提塘官誊录，并不是严格意义上的官报，其实为政府发布消息和命令的渠道之一，对象为各级官员而非百姓。

---

① 金冲及、胡绳武编著《辛亥革命史稿》（第二卷），上海人民出版社，1985，第337页。
② 金冲及、胡绳武编著《辛亥革命史稿》（第二卷），上海人民出版社，1985，第341页。
③ （清）永瑢：《历代职官表》（卷21），转引自陈玉申《晚清报业史》，山东画报出版社，2003，第287页。

在百日维新期间，光绪根据维新派的建议，颁布了几十道改革的诏令，开始允许自由创立报馆、学会。这是清王朝第一次正式承认官报以外的民间报纸有合法存在的权利。这些改革措施也给了人民一定程度的言论、出版、结社的自由，为资产阶级革命思想的传播提供了一定空间。

1906 年清廷宣布"预备立宪"，御史赵炳麟奏请设立中央政府官报："朝廷立法行政，公诸国人。""使绅民明悉国政，为预备立宪基础之意"。考察政治馆奉旨复议：

> 中国风气甫开，国民教育尚未普及，朝章国典罕有讲求，向行邸报大抵例折居多，而私家报纸又往往摭拾无挡，传闻失实，甚或放言高论，荧惑是非，欲开民智而正民心，自非办理官报不可。[①]

遂议定开办《政治官报》，"专载国家政治文牍"、"期使通国人民开通政治之智识，发达国家之思想，以成就立宪国民之资格"。[②]（图 2-3）

1907 年 10 月 26 日，《政治官报》正式创刊，由宪政编查馆所设官报局主持。该报每日一期，以派销为主，利用行政渠道，自上而下，层层分摊。《政治官报》章程有云：

> 本报为开通政治起见，无论官民，皆当购阅，以扩见闻。除京内各部院各省督抚衙门由馆分别寄送外，其余京师购阅者，由馆设立派报处照价发行；外省司道府厅州县及各局所学堂等各处，均由馆酌按省分大小配定数目发交邮局寄各省督抚衙门，分派购阅。[③]

---

① 《考察政治馆奏办〈政治官报〉酌拟章程折并清单》，上海商务印书馆编译所编纂《大清新法令》（第四卷），商务印书馆，2011，第 557 页。
② 《谨拟开办官报章程缮具清单，恭程御览》，上海商务印书馆编译所编纂《大清新法令》（第四卷），商务印书馆，2011，第 558 页。
③ 《谨拟开办官报章程缮具清单，恭程御览》，上海商务印书馆编译所编纂《大清新法令》（第四卷），商务印书馆，2011，第 559～560 页。

图 2-3　《奏办政治官报》①

　　《政治官报》体例分为，谕旨、批折、宫门钞第一；电报、奏咨第二；咨劄第三；法制章程第四；条约、合同第五；报告示喻第六，外事第七，广告第八，杂录第九。②

　　南京临时政府时期，沿用了此种官方公报形式。1912 年 2 月 13 日

①　《奏办政治官报》，《顺天时报》1907 年 4 月 23 日。

②　《谨拟开办官报章程缮具清单，恭程御览》，上海商务印书馆编译所编纂《大清新法令》（第四卷），商务印书馆，2011，第 558～559 页。

"袁世凯令将原清政府之《政治官报》更名《临时公报》，继续发行"。①
1912年元旦，中华民国临时政府成立，1月29日开始出版《临时政府公
报》。4月1日孙中山辞去临时大总统职务，南京临时政府结束，公报随即
停刊。公报今所见者共58号，最后一号系4月5日出版。②

> 本报暂定则例：一、本报为临时政府刊行，故定名为临时政府公
> 报。二、本报以宣布法令、发表中央及各地政事为主旨。三、本报暂
> 定门类六：日令示，日电报，日法制，日纪事，日抄译外报，日杂
> 报，其子目见前。四、本报日出一册，如遇国家纪念日政府停止办公
> 时，本报亦休刊一日。五、政府对于各地所发令示，或宣布法律，凡
> 载登本报者，公文未到，以本报到后为有效。六、凡各官署皆有购阅
> 本报之义务，唯具印文请领者，皆照定价五折征纳，余令详前价
> 目表。③

可见，《临时政府公报》为南京临时政府官方发行的以公布政务为内
容的报纸，其具有可信度高、时效性高、普及度高的特点，内容较为全
面，体例较完整，相比民间所办报纸，其不带有任何舆论向导性，只以公
示信息为己任。同时，其所刊载的信息更为准确。如同清廷《政治官报》
一般，南京临时政府公报也是采取由中央核发，由地方各级政府订阅并下
发的模式：

> 中华民国临时大总统令：临时政府成立，政事上一种公布性质，
> 宜有独立机关经营，以收其效，则发行公报是也。……应令各行政机

---

① 韩信夫、姜克夫主编《中华民国史大事记》第一卷（1905～1915），中华书局，2011，第
323页。
② 刘萍、李学通主编《辛亥革命资料选编》第四卷（下册），社会科学文献出版社，2012，
第517页。
③ 《临时政府公报》（第四十一号），转引自刘萍、李学通主编《辛亥革命资料选编》第四
卷（下册），社会科学文献出版社，2012，第859页。

关咸有购阅该报之义务。除将暂定则例登载该报一律照办外,为此令该部都督卫戍总都督知照,并通饬所属一体遵照。此令。①

南京临时政府在官报经营方面,无论是开办目的、报章体例抑或是推广方式,都与清政府颇为相似,意欲在"百家争鸣"的报界中,开辟出专属官方的宣传阵营。

二 相近的报纸创刊程序

清廷初始,报社的开办和报纸的创刊并无程序设置规定,及至光绪二十一年,京师官绅文廷式等设强学书局,讲求时务,发行《中外纪闻》,次年正月,改为官书局,并编印《汇报》。光绪二十四年六月,工部尚书孙家鼐在给光绪皇帝的"改上海时务报为官报"的奏折中,拟定《官报章程》三条,"开除禁忌,仿陈诗之观风,准乡校之议论"。光绪批曰:"报馆之设,所以宣国是而通民情,必应亟为倡办。""各报体例,自应以指陈利害、开扩见闻为主,中外时事,均许据实昌言,不必意存忌讳。"② 至此,清政府已勉强顺应时势,有条件地允许办立报纸,以"宣国是而通民情"。1906 年的《大清印刷物专律》是我国新闻管制的第一次立法,共有六章四十个条款,规定报纸开办实行注册登记制度,特设印刷总局专责管理出版品的注册登记。

京师特设一印刷总局,隶商部、巡警部、学部。所有关涉一切印刷及新闻记载,均须在本局注册。③

二、凡以印刷或发卖各种印刷物件为业之人,依本律即须就所在

---

① 《临时政府公报》(第四号),转引自刘萍、李学通主编《辛亥革命资料选编》第四卷(下册),社会科学文献出版社,2012,第 546 页。

② 孙家鼐:《改上海时务报为官报摺》,转引自张静庐辑注《中国出版史料补编》,中华书局,1957,第 54~56 页。

③ 李俊等点校《大清印刷物专律》,载怀效锋主编《清末法制变革史料》,中国政法大学出版社,2010,第 332 页。

营业地方巡警衙门，呈请注册。其呈请注册之呈，须备两份，并各详细叙明实在，及具呈人之姓名籍贯住址，又有股份可以分利人之姓名籍贯住址。……九、凡印刷人印刷各种印刷物件，即按件备两份呈送印刷所在之巡警衙门，该巡警衙门即以一份存巡警衙门，一份申送京师印刷注册总局。①

同年，清政府以巡警部名义公布《报章应守规则》，作为对《大清印刷物专律》的补充，重申"不经官方批准不得自开报馆"。所定9条：

不得诋毁宫廷；不得妄议朝政；不得妨害治安；不得败坏风俗；不得揭载内政、外交秘密；不得妄下断语庇护词讼未经定案的犯人；不得发人私隐及毁人名誉；不得拒改错误失实；不经官方批准不得自开报馆。②

在刊号创立上，清政府采取注册登记制。在对创刊人的审核中，清政府要求其详细登记个人信息，同时，要求年满二十岁以上之本国人、无精神病者、未经处监禁以上之刑者。1907年，《报馆暂行条规》则规定注册登记制改为批准制。"凡开设报馆者，均应向该馆巡警官署呈报，俟批准后方准发行。"③ 1908年，清政府颁布《大清报律》，该律比《大清印刷物专律》对报纸的限制更为严厉，在《报章应守规则》9条内容的基础上，增加了两条新的管制措施：1. 要求施行保证金制度，规定创办报纸必须交纳一定数额的保押费；2. 实行事前审查制度。规定："每日发行之报纸，应于发行前一日晚十二点钟以前，其月报、旬报、星期报等类均应于发行前一日午十二点钟以前，送由该管巡警官署或地方官署，随时查核，按律

---

① 李俊等点校：《大清印刷物专律》，载怀效锋主编《清末法制变革史料》，中国政法大学出版社，2010，第333页。
② 《本馆接警部颁发报律九条专电》，《申报》1906年8月26日。
③ 《报馆暂行条规》（第一条），中国第一历史档案馆，顺天府档案，胶片13228-4-323-001。

办理。"①

南京临时政府基本沿袭了清政府报纸创刊的相应规定，略有改进。首先，要求创设报纸采取申报注册，同时规定了新闻从业人员的资格限制，并对破坏共和及泄露政府机密等内容予以限制和禁止。这主要体现在《民国暂行报律》及《大汉四川军政府报律》等法律规定中。《民国暂行报律》规定：

新闻杂志已出版及今后出版者，其发行及编辑人姓名，须向本部呈明注册，或就近地方高级官厅呈明，咨部注册。兹定自令到之日起，截至阳历四月初一日止，在此期限内，其已出版之新闻杂志各社，须将本社发行及编辑员姓名呈明注册；其以后出版者，须于发行前呈明注册；否则不准其发行……流言煽惑，关于共和国体有破坏弊害者，除停止其出版外，其发行人、编辑人并坐以应得之罪。②

尽管其后来被抨击以至取消，然而政界及报界对登记注册制并无多大异议。

在《大汉四川军政府报律》中，规定"凡充发行人、编辑人者"，须"年满二十岁以上之本国人""无精神病者""且未经以私罪处监禁以上之刑者"。③ 这与《大清报律》第二条"凡发行人、编辑人及印刷人者，需具备下列要件：一、年满二十岁以上之本国人；二、无精神病者；三、未经处监禁以上之刑者"几乎一致。它取消了《大清报律》中的第七条，即送审制度，仅规定所有报纸，在出版前必须向有关部门呈报登记。

---

① 刘哲民编《近现代出版新闻法规汇编》，学林出版社，1992，第31~34页。
② 《临时政府公报》（第三十号），转引自刘萍、李学通主编《辛亥革命资料选编》第四卷（下册），社会科学文献出版社，2012，第791页。
③ 邱远猷、张希坡：《中华民国开国法制史：辛亥革命法律制度研究》，首都师范大学出版社，1997，第220页。

三　相仿的新闻管理措施

清廷及南京临时政府时期，都对违犯相关新闻监管法规的行为规定了一系列惩处措施，在此方面，南京临时政府在清政府的基础之上有所发展。

由前文分析可知，清朝初年并没有针对新闻宣传的管理条例，对相关事件的处理也多是援引其他律文。如光绪二十九年（1903年）发生的"苏报"案，定罚依据是《大清律例》中刑律盗贼类的"造妖书妖言"一条："凡造谶纬妖书妖言，及传用惑众者，皆斩。"[①] "各省抄房，在京探听事件，捏造言语，录报各处者，系官，革职；军、民，杖一百，流三千里。"[②] 及至《大清印刷物专律》颁布，对这方面有了专门的规定，主要涉及罚金、监禁或二者并罚，对违法的印刷物予以销毁或充公。

> "一、凡未经注册之印刷人，不论承印何种文书图画，均以犯法论。……所科罚援，不得过银一百五十元，监禁期不得过五个月，或罚援监禁两科之。""八、凡发贩或分送不论何种印刷物件，如该物件并未印明印刷人之姓名及印刷所所在者，即以犯法论。……即依本律本章第六条之罚银，或监禁，或罚级监禁两科之法科之。并将所有无印刷人姓名及印刷所所在之各该印刷物件充公或销毁，……""九、凡印刷人印刷各种印刷物件，即按件备两份呈送印刷所所在之巡警衙门，……凡违犯本条者，所科罚银不得过银五十元，监禁期不得过一个月，或罚级监禁两科之。"[③]

---

① 郑秦等点校《大清律例》卷二十三（刑律贼盗上），转引自刘海年、杨一凡主编《中国珍稀法律典籍集成》丙编（第一册），科学出版社，1994，第305页。

② 郑秦等点校《大清律例》卷二十三（刑律贼盗上），转引自刘海年、杨一凡主编《中国珍稀法律典籍集成》丙编（第一册），科学出版社，1994，第306页。

③ 李俊等点校《大清印刷物专律》，转引自怀效锋主编《清末法制变革史料》，中国政法大学出版社，2010，第333页。

至《大清报律》公布，增加了"注销存案"一条，规定根据该律禁止发行及停办的，退还保押费，并注销存案。

南京临时政府时期的相关规定，基本沿用了清政府的处罚办法，包括停止出版、更正不实不适言论，严重者依据刑法处罚。

> "流言煽惑关于共和团体，有破坏弊害者，除停止其出版外，其发行人、编辑人并坐以应得之罪。""调查失实，污毁个人名誉者，被污毁人得要求其更正，要求更正而不履行时，经被污毁人提起诉讼，讯明得酌量科罚。"①

后此两项被报界人士猛烈抨击，也成为《民国暂行报律》被撤销的主要原因之一。但是《民国暂行报律》从某种程度上反映出南京临时政府对于新闻监管的基本态度和措施。

第三节　革命党新闻民主思想的实践

武昌起义之后，南方各省纷纷响应，改旗易帜，宣布独立。在与改良派旷日持久的争论中，革命党人一直坚持民主共和的道路。南京临时政府的成立，正是以孙中山为代表的革命党人成功推翻君主专制，迈向民主共和的第一步。革命党新闻民主思想渗透到南京临时政府新闻管理体制的方方面面，进而影响了民初的新闻实践活动。

一　追求民主共和

孙中山游历西方各国，对西方的政治民主、人权平等深为向往。他在《民报》发刊词中写道："十八世纪之末，十九世纪之初，专制仆而立宪政

---

① 《临时政府公报》（第三十号），转引自刘萍、李学通主编《辛亥革命资料选编》第四卷（下册），社会科学文献出版社，2012，第791页。

体殖焉。世界开化，人智益蒸，物质发舒，百年锐于千载，经济问题继政治问题之后，则民生主义跃跃然动，二十世纪不得不为民生主义之擅场时代也。"[1]

孙中山及其他资产阶级革命党人非常重视在外国读者中宣传民主共和的思想。1912年4月，孙中山在英国伦敦《斯特兰德》杂志第43卷第255号上发表《我的回忆》一文，向外国读者宣传其在为推翻封建专制制度及重振中国的革命历程，发表其资产阶级民主革命的观点。民主共和的思想一直贯穿于革命党人的新闻实践。何天炯、吕志伊、熊樾山、邓恢宇等革命党人联合日本宫崎滔天、尾崎行昌、山田纯三郎等于1912年9月在上海创办《沪上评论》，以中日两种文字，倡导"同文同种同门"，向在华日本读者宣传民主革命思想。[2]

孙中山是一个极具自由精神之人，他将国家、民族、个人的自由作为不懈的革命追求目标，并用自身实践告诉世人，自由等民权"不是天生出来的，是时势和潮流所造出来"。[3] 1922年8月24日晚，孙中山在上海法租界宴请30余位报界人士，并发表讲话：

> "然世界潮流，今非昔比，不特法国共和奠定，即俄皇德帝亦且倾仆，此皆无量数用笔者之力也。吾人如以笔阐发共和真理，冀达民治之统一，反对专制的统一，民国方能太平。"
>
> "六年苦战，乃能使人人知尊重法律，虽北方武人亦赞成护法，今后乃以笔继续作战，此为诸君之责，愿诸君合少力为之。上海为舆论中心，全国舆论视上海为转移，苟诸君能发挥公理，自易收获。舆论之力较武力为大，武力始之，舆论完成之，乃有护法结果，而使国民人人咸知共和真理，不容许武人官僚乱国，尤非舆论界努力不为

---

[1] 孙中山：《民报·发刊词》，《民报》1905年11月26日。
[2] 方汉奇主编《中国新闻事业编年史》，福建人民出版社，2000，第657页。
[3] 广东中华民族促进会等合编《孙中山文萃》（下卷），广州人民出版社，1996，第819页。

功。不然，中国将不能存于世界。当此生死存亡之日，诸君应起负此责。"①

从中可以看到孙中山对民主革命的坚定信念，"以笔阐发共和真理"，用舆论宣传的力量"使国民人人咸知共和真理"，进而实现"民治之统一"。

至此，不难理解南京临时政府时期，对新闻的管理宽松民主的归因。民主共和的思想在南京临时政府出台的多项新闻法制规定中都有所体现。

二　保护言论自由

早在晚清政府颁布意图限制言论出版自由的新闻律令时，《中国日报》《神州日报》《国民公报》等报纸均已开始公开抗议对言论的限禁。而在晚清政府查禁有关报纸时，《时报》《复报》等报纸都发表社论以示抗议，新闻界一直反对任何形式的言论钳制。

经过渗入和散播，"言论自由"思想在中国已经深入人心。从《察世俗每月统记传》时期的新鲜、陌生，到19世纪末期的期冀与渴求，以"言论自由"为代表的自由主义思潮在中国大地生根开花。前期的办报探路、受众培育等过程，都为南京临时政府时期的"报业黄金期"奠定了基础。但是，清廷统治集团顽固死守"君权至上"的封建王权思想，对遍地破土而出的近代报刊事业进行疯狂的打击和镇压。发刊于1905年的《民报》，在发刊词中写道：

> 翳我祖国，以最大之民族，聪明强力，超绝等伦，而沉梦不起，万事堕坏；幸为风潮所激，醒其渴睡，旦夕之间，奋发振强，励精不已，则半事倍功，良非夸嫚。……抑非常革新之学说，其理想输灌于

①《与报界的谈话》（一九二二年八月二十四日），据上海《时报》一九二二年八月二十五日《孙中山宴请报界记》。转引自陈夏红选编《孙中山答记者问》，中国大百科全书出版社，2012，第136页。

人心而化为常识，则其去实行也近。吾于《民报》之出世觇之。①

南京临时政府成立后，孙中山认为建设民主政治的关键是保障人民参与政治的权利，"必须把政治上的主权，实在拿到人民手中来"。② 这自然包括当时的新闻业。孙中山苦心经营的理想社会，从各个方面认可并保障公民的言论自由权利。上至具有宪法性质的《中华民国临时约法》，下至"暂行报律"风波的处置，无一不体现出对言论自由权利的敬畏。

在对新闻界的态度上，南京临时政府并没有过多管制，大方承认并予以支持。《中华民国临时约法》规定人民有言论、著作、刊行及集会、结社之自由，这就从法律上保障了言论自由的权利。而后孙中山又应上海日报公会之请，下令交通部核减新闻邮电费，以促进报业发展，"查报纸代表舆论，监督社会，厥功甚巨。此次民国开创，南北统一，尤赖报界同心协力，竭诚赞助，兹据呈称军兴以后困难情形，均属实况，若不设法维持，势将相继歇业"。③ 上海得益于此项法令，"报界至电费，悉照现时价目减轻四分之一，邮费减轻二分之一"。④

同时，各地革命党人也是极力支持本地报界的发展。《时报》1912年3月8日刊沪军都督陈其美给《民权报》的成立批文：

> 案照一国之内，不患在朝之多小人，而患在野之无君子，不患政权之不我操，而患无正当之言论机关以为监督……启发吾民爱国之心，便人人各尽其天职，以助教育之普及，而今日之报纸负责尤重。⑤

---

① 田晓青主编《民国思潮读本》（第一卷），作家出版社，2013，第58页。
② 中国社会科学院近代史研究所等合编《孙中山全集》（第六卷），中华书局，1986，第3页。
③ 《临时政府公报》（第四十一号），转引自刘萍、李学通主编《辛亥革命资料选编》第四卷（下册），社会科学文献出版社，2012，第859页。
④ 《临时政府公报》（第四十九号），转引自刘萍、李学通主编《辛亥革命资料选编》第四卷（下册），社会科学文献出版社，2012，第930页。
⑤ 马光仁主编《上海新闻通史》，复旦大学出版社，2014，第399页。

在西南，蜀军政府则欢迎报界监督政府，并广开言路，鼓励民众与政府对话。"先后所接条陈，不下数千，凡属可行，无不虚衷采纳。然亦有不合时务，窒碍难行者，以立意可嘉，亦不驳斥，以梗言路。"① 这种"虚衷采纳""立意可嘉，亦不驳斥"的开放做法得益于革命党人对于言论自由的开明态度。

三 重视舆论宣传

不同于过去执政集团的封闭深讳，以孙中山为首的革命政权深谙宣传之道。浩浩荡荡的辛亥革命浪潮中，舆论宣传是一场没有硝烟的战争，席卷中华大地，开民智，聚民心。孙中山认为辛亥革命的胜利，报纸的宣传发挥了重要的作用。其自始至终，十分重视舆论宣传的作用。

早在旅美时期，孙中山在进行海外革命宣传的时候就非常有策略，"孙先生很注重宣传工作，他认为同盟会在檀香山单有一个《自由新报》还不够，主张增加宣传的方式方法。孙先生是教会中人，知道教会有专人卖宣传品的办法，因而提出要我们学教会那样，找一专人来卖宣传书刊。办法是这样的：宣传书刊全部免费给这专人，由他拿上街头或小埠去卖，所得全部归他所有，并规定一个报酬定额，如卖得多钱超过此数也不收回，不足则补够。"② 这种经营理念极大地调动了卖报人的积极性，推动了革命报纸的销量，进而扩大了革命思想的影响。

孙中山对革命宣传的目的、方式有明确的认识和深刻的理解，"孙先生当即说《革命方略》中分组联系不相串联的组织方法，只适用于内地，在海外华侨地区用不着这样做。又说：我们在海外的工作，主要是宣传革命，筹备军饷，可以打锣打鼓，公开宣传，不必保守秘密"。③

---

① 《蜀军政府政纲》（第十四条），转引自重庆地方史资料组编《重庆蜀军政府资料选编》，重庆地方史资料组，1981，第63页。
② 温雄飞：《我在檀香山同盟会和〈自由新报〉工作的回忆》，选自《辛亥革命回忆录》第8集，文史资料出版社，1981。转引自陈夏红选编《辛亥革命实绩史料汇编》（舆论卷），中国大百科全书出版社，2011，第297页。
③ 温雄飞：《我在檀香山同盟会和〈自由新报〉工作的回忆》，选自《辛亥革命回忆录》第8集，文史资料出版社，1981。转引自陈夏红选编《辛亥革命实绩史料汇编》（舆论卷），中国大百科全书出版社，2011，第298~299页。

在革命宣传中，孙中山提出了很多有针对性的指导，"关于《自由新报》的宣传方针，孙先生曾指示要专在汉满对立上面立论。我接受了他的指示，学陈去病编写《历史教科书》的方法，搜集满人入关以后虐待汉人、残杀汉人的历史资料，编写成白话通俗作品。一方面在《自由新报》发表，另一方面又利用排好的版再印成三十二开的单行本，扩大推销。……当时我看了也编了不少这样的东西，如'扬州十日'、'文字狱'、'焚书'等。这些事，华侨原来都不大知道，经过宣传，很多人都知道了，对清廷统治者更为愤恨。这样的文章，除在《自由新报》刊登并印成单行本外，有些还在上海同盟会的机关报《民立报》转登出来，收到相当的宣传效果"。① 这些早期的宣传思想与新闻实践经验影响了南京临时政府新闻管理的运行。

在袁世凯窃取革命果实之后，孙中山对舆论宣传工作的重视程度只增不减，曾多次对舆论界示好，并期冀舆论界能够支持革命，继续引导全国的革命思潮。

在与广州报界、《申报》、《东方时报》记者见面谈话中，孙中山多次表达了新闻宣传的意义所在。

　　　　所惜者广东报界之言论尚未一致，在外省或外国之人，不察内容，将疑我广东尚多纷扰，故言论不一致，其害实深。②

　　　　此在国民之努力如何，国民不努力自无希望，而指导国民者惟言论界。故言论界若专以营业为目的，国民自难进步，国事亦无可为。③

---

① 温雄飞：《我在檀香山同盟会和〈自由新报〉工作的回忆》，选自《辛亥革命回忆录》第8集，文史资料出版社，1981。转引自陈夏红选编《辛亥革命实绩史料汇编》（舆论卷），中国大百科全书出版社，2011，第299~300页。

② 《与广州各报记者的谈话》（一九一七年七月三十一日），据上海《民国日报》一九一七年八月六日《孙中山与报界一席话》。转引自陈夏红选编《孙中山答记者问》，中国大百科全书出版社，2012，第91页。

③ 《与〈申报〉记者康通一的谈话》（一九二四年十一月十七日），据上海《民国日报》一九二四年十一月十八日《孙中山先生昨晨抵沪》。转引自陈夏红选编《孙中山答记者问》，中国大百科全书出版社，2012，第184页。

希望全国一致力争，以为政府外交之后盾，并望报界力任故（鼓）吹，务赏（贯）彻主张。至世界大势，则欧战而后，公理战胜。各国人民亦大有觉悟，大势亦因有变迁。①

报纸的宣传会影响到革命形象，会向外界传递信号。民智的开启，需要报界的努力。"舆论为事实之母，报界诸君又为舆论之母，望诸君今日认定宗旨，造成健全一致之言论。"② 同时，新闻宣传不能仅仅当作获取经济利益的手段，而应该具备一定的社会公益性。

国民党1919年8月创办了《建设》杂志，用以宣传国家建设理念，阐释建设方法。孙中山亲自为杂志撰写了《发刊词》：

鼓吹建设之思潮，展（阐）明建设之原理，冀广传吾党建设之主义，成为国民之常识，使人人知道建设为今日之需要，使人人知建设为易行之事功，由是万众一心以赴之，而建设一世界最富强最快乐之国家，为民所有，为民所治，为民所享者，此《建设》杂志之目的也。③

通过新闻宣传，能够实现"万众一心以赴之"，可见其对新闻业在指导民众、引导舆论方面的重视。

1920年11月8日，孙中山面对上海通讯社就韩国独立与中国山东问题时回答，"目下似宜先行造成一种强固之舆论，以博各国之同情。后日列强如有大半表同情于吾，然后再定实施之法，或直接向日本要求，或提

① 《与北京〈东方时报〉记者的谈话》（一九二四年一月二十三日）据上海《民国日报》一九二四年二月九日《东方时报记者之"粤游纪实"》。转引自陈夏红选编《孙中山答记者问》，中国大百科全书出版社，2012，第159页。
② 中国社会科学院近代史研究所等合编《孙中山全集》（第二卷），中华书局，1986，第356页。
③ 中国社会科学院近代史研究所等合编《孙中山全集》（第二卷），中华书局，1986，第495页。

交国际联盟会公判。公道自在人心，胜算即不难预卜云"。① 彰显了其面对国际问题时，对舆论宣传重要性的认识。

此外，由于自身经历及革命实践活动的经验，相当一部分报人在革命政权中担任重要职位，这对南京临时政府时期的新闻管理有着重要的影响。"辛亥九月十八日（旧历），广东宣布独立，军政府以胡汉民为都督，陈炯明为副都督。胡汉民在未参加同盟会前，曾在广州任《岭海报》主笔（用胡衍鸿名）有年，陈炯明任谘议局时亦以办《可报》知名，故当时社会人士，在谈论时事之际，皆谓广东光复，记者当权。当时同盟会报人，弹冠而起，奉委军政各部门要职者确实不少。例如民政部（光复之际，军政府下分设各部，后南京临时政府成立，乃奉命改为司）部长陈景华（字六逵，新会人，后任警察厅长，为龙济光枪毙）曾与萧佛成、胡毅生等在暹罗（今泰国）曼谷办《华暹新报》，负主笔之责。财政部长李煜堂，外交部副部长陈少白，交通部副部长李杞堂皆《中国日报》人物（两李均该报董事，经费上捐献甚多）。财政部副部长廖仲恺，亦东京《民报》知名之士。此外，军政府当时曾设一枢密部，职责为协助都督处理机要，该部总参议朱执信、廖仲恺，参议黄世仲、卢谔生、李孟哲，秘书卢博浪等，亦皆当时著名之同盟会报人，可谓济济一堂，极一时之盛。"② 在南京临时政府中，"陆军总长黄兴，次长蒋作宾。海军总长黄钟瑛，次长汤芗铭。司法总长伍廷芳，次长吕志伊。财政总长陈锦涛，次长王鸿猷。外交总长王宠惠，次长魏宸组。内务总长程德全，次长居正。教育总长蔡元培，次长景耀月。实业总长张謇，次长马君武。交通总长汤寿潜，次长于右任"。③ 其中居正、于右任等都有

---

① 《与上海通讯社记者的谈话》（一九二〇年十一月八日），据上海《民国日报》一九二〇年十一月九日《孙中山先生之外交谈》。转引自陈夏红选编《孙中山答记者问》，中国大百科全书出版社，2012，第 104 页。

② 冯秋雪：《辛亥前后同盟会在港穗新闻界活动杂忆》，选自《孙中山与辛亥革命史料专辑》，广东人民出版社，1981。转引自陈夏红选编《辛亥革命实绩史料汇编》（舆论卷），中国大百科全书出版社，2011，第 276 页。

③ 平佚：《临时政府成立记》，载《中国近代史资料丛刊·辛亥革命》（八），上海人民出版社，1957。转引自陈夏红选编《辛亥革命实绩史料汇编》（建制卷），中国大百科全书出版社，2011，第 54 页。

办报经验。前文提及的胡汉民，更是官居南京临时政府总统府秘书长。掌管内务部实权的居正，1908 年赴新加坡助田桐主持《中兴日报》，与保皇党《南洋总汇报》论战，后去往缅甸主持《光华日报》。教育总长蔡元培曾极力支持爱国学社为《苏报》供稿，发表爱国言论，作为教育总长，具有管理杂志刊物的职权，也是新闻管理工作的一部分。于右任更是曾经筹办《神州日报》《民呼日报》《民立报》等进步报纸。另有宋教仁、陈其美等重要革命派人物，也曾有过从事新闻业的实践经历，这些南京临时政府中的实权派人物，立场鲜明，对舆论宣传的重要性有着清晰的认识。这对南京临时政府的新闻管理工作开展有着举足轻重的影响。

第三章　南京临时政府新闻管理
体制的运行机制

经历辛亥革命的洗礼，民初新闻事业发展迅速，新报刊大量涌现。为强化对新闻事业的管理，南京临时政府采取了一系列措施：在中央，以《中华民国临时约法》为总纲，确认言论自由的基调。以临时大总统为统领，以内务部、交通部等中央部门为承管者。废除《大清报律》中违反民主共和体制的条款，有选择地沿用相关事务性管理条例。积极制定《民国暂行报律》等法律法规，佐以"减免邮资"等行政命令。编辑出版了《临时政府公报》共58期，树立政府舆论权威，促进新闻宣传事业的发展。在地方，由各地都督府负责一方新闻事业管理。除执行中央相关新闻宣传管理政令外，各都督府亦会根据自身需要，采取诸如资助报刊创办发行、安排记者专访以占领舆论阵地等举措来协调地方新闻事业的发展。在积极促进配合的同时，从中央至地方亦有相关管制措施加以约束。

第一节　南京临时政府新闻管理体制的建构

南京临时政府成立后，以孙中山为首的资产阶级革命党人，力图在推翻清廷旧制后，建立资产阶级民主共和国。临时政府通过一系列政策法规，确立了基本的新闻管理体制。以言论民主为核心的新闻法制，对于宣传资产阶级民主观念，促进民初新闻事业的发展，具有重要意义。

一 新闻管理机构设置

南京临时政府成立后，建立新的国家行政建制，在中央、地方的二级行政划分框架下，精简机构，划定职权范围。国家的中央行政权分二级：临时大总统及其办事机构。办事机构只设两类：一是总统府秘书处，直接承办总统府事务，分总务、文牍、军事、财政、民政、英文、电报等七科；二是专门性机构，如法制局、印铸局、铨叙局、公报局、参谋本部等，协助总统办理专门事务。其次便是中央各部，南京临时政府先后颁布《中华民国临时政府中央行政各部及其权限》《各部官制通则》等若干办法，使中央行政机关的组织渐趋完备。

> 陆军部：管理陆军军事教育、卫生、警察、司法、编制，监督所管辖官兵；海军部：管理海军的一切事务，监督所管辖官兵；内务部：管理警察、卫生、宗教、礼俗、户口、田土、水利、工程及其他公益事业；外交部：管理对外涉及外人、外侨事宜，保护在外商业，监督外交官及领事；司法部：管理民事、刑事诉讼事件及其他一切司法事务，监督法官；财政部：管理会计、库币、赋税、公债、钱币、银行、官产事务；教育部：管理教育、艺学、历象事务，监督各官署学校，统辖学士教员；实业部：管理农、工、商、矿、渔、林、牧、猎及度量衡事务，监督所辖各官署；交通部：管理道路、铁路、航路、邮信、电报及运输、造船事务，统辖船员。①

在地方行政单位的设置上，废除府州厅一级，实行省、道、县三级制。省行政长官称督军，道称道尹，县称县知事。之所以在废除府、州、

---

① 刘萍、李学通主编《辛亥革命资料选编·第四卷》（下册），社会科学文献出版社，2012，第536~537页。

厅后，仍继续保留"道"，是为了解决省区过大，辖县较多，难以管辖所存在的困难和问题。

综观南京临时政府行政建制，针对新闻的管理机构也大致可分为中央、地方二级。

（一）中央——内务部执掌新闻管理职责

在南京临时政府行政建制中，临时大总统由参议院选出，负责国家行政事务总体。其下，涉及三个中央部门：内务部、交通部和教育部。

> 内务部长：管理警察、卫生、宗教、礼俗、户口、田土、水利工程、善举公益及行政事务，监督所辖各官署及地方官。教育部长：管理教育、学艺及历象事务，监督所辖各官署学校，统辖学士教员。……交通部长：管理道路、铁路、航路、邮信、电报、航舶并运输造船事务，统辖船员。[①]

按照《中华民国临时政府中央行政各部及其权限》规定，各部门权限划分中并未特别提及新闻宣传事务。交通部比较明显，负责"邮信、电报"事务，这涉及新闻宣传、发布的环节。因此，交通部在新闻事务管理中有一部分职责。其次，内务部的职责界定则是根据后来的大总统电文及"暂行报律"风波，可以确认，虽然内务部职责中只字未提新闻宣传事务，却承担着主要的新闻宣传管理责任。在《临时政府公报》第十九号中，《大总统批法制局呈教育部官职令修改全案并新闻杂志演说会应归教育部管理与否请示遵由》一文呈明，新闻杂志、演说会等事由内务部主理：

---

① 刘萍、李学通主编《辛亥革命资料选编·第四卷》（下册），社会科学文献出版社，2012，第 536~537 页。

呈悉。教育部官职令修改全案已咨交参议院并案议决。至来呈所称教育部原案中社会教育司编辑所掌新闻杂志、演说会等事,据中央各部官制及其权限法案所定,应归内务部掌管。此等事项,既非宗教,又非礼俗,初六日阁议并未提及,究竟该项事务应归教育部管理与否,请示遵办等语。查新闻杂志、演说会等事自应归内务部管理,即行查照订定可也。此批。①

从上述规定中可以看出,原本"社会教育司编辑所掌新闻杂志、演说会等事"是由教育部管理的,或者至少这部分事务管理权限划分不明确。因此,南京临时政府刚刚成立时,新闻管理事务涉及内务部、交通部和教育部三个中央部门,及至大总统明确表示上述事务归属内务部管理后,教育部才逐渐剥离出这部分业务,新闻宣传事务的中央层级管理权限划分也相对更加明确。

(二) 地方——民政与军政并存共管

南京临时政府成立后,国内形势处于南北对峙状态,南方各省也并非齐心协力,加之革命洪流,鱼龙混杂,各省在辛亥革命浪潮中颠簸起伏,原有的社会秩序被破坏,新型的社会秩序尚未建立,南方一度陷入混乱,孙中山早在 1905 年曾预判新的革命政权先期须以军政为重:

察君权、民权之转捩,其枢机所在,为革命之际先定兵权与民权之关系。盖其时用兵贵有专权,而民权主食草创,资格未粹,使不相侵,而务相维,兵权涨一度,而民权亦涨一度。逮乎事定,解兵权以授民权,天下晏如矣。定此关系厥为约法。革命之始,必立军政府,此军政府既有兵事专权,复秉政权。譬如既定一县,则军政府与人民

---

① 刘萍、李学通主编《辛亥革命资料选编·第四卷》(下册),社会科学文献出版社,2012,第 687~688 页。

相约，凡军政府对于人民之权利义务，人民对于军政府之权利义务，其荦荦大者系规定之。军政府发命令组织地方行政官厅，遣吏治之；而人民组织地方议会，其议会非遽若今共和国之议会也，第监视军政府之果循约法与否，是其重职。……使国民而背约法，则军政府可以强制；使军政府而背约法，则所得之地咸相联合，不负当履行之义务，而不认军政府所有之权利。①

"1911 年 11 月，辛亥革命的浪潮席卷闽南社会，漳州（11 日）、厦门（14 日）和泉州（19 日）相继宣告光复。从 1912 年至 1926 年，福建闽南地区一直是以袁世凯势力为代表的北洋政府和以陈炯明势力为代表的南洋军阀的兵家必争之地，战乱频仍，民不聊生。"② 然而这种状态并未持续太久，因为各地军队很快接管了地方治安。孙中山在《临时大总统宣言书》中便强调：

血钟一鸣，义旗四起，拥甲带戈之士遍于十余行省，虽编制或不一，号令或不齐，而目的所在则无不同，由共同之目的以为共同之行动，整齐划一，夫岂其难，是曰军政之统一。③

在内忧外患的情况下，军队自然而然地获得了整个政府体系中的极高地位，负责地方治安维护，并建立其新的社会秩序，"军事管理"是南京临时政府的关键词之一。

民国初年便废除了原清廷府州厅各级，实行省、道、县二级制，省行政长官称督军，各地都督在地方的地位极高。临时政府对于革命各省的主

---

① 《与汪精卫的谈话》（一九〇五年秋），据《民报》第二号（东京一九〇五年十一月二十六日版）精卫《民族的国民》转引孙中山谈话。载于陈夏红选编《孙中山答记者问》，中国大百科全书出版社，2012，第 269 页。
② 许清茂、林念生主编《闽南新闻事业》，福建人民出版社，2008，第 32 页。
③ 刘萍、李学通主编《辛亥革命资料选编·第四卷》（下册），社会科学文献出版社，2012，第 520 页。

要军队，无论收编与否，在其短暂的存续期间，地方军阀或民兵，都是很难使这些军队完全效忠中央政府的。彼时的南京临时政府更像是一个联邦制国家的中央政府，对地方权力的约束力有限，地方的许多行政管理事项也是由有军队做支撑的军府都督来掌控的。

地方新闻事务管理也是如此。各省都督的态度对当地新闻事业的发展至关重要。沪军都督陈其美就是一个典型的例子。"《民权报》，于1912年3月28日创刊，由同盟会的别支自由党人谢树华发起筹备，向沪军都督府注册，陈其美批准出版。陈在批文中指出：'案照一国之内，不患在朝之多小人，而患在野之无君子，不患政权之不我操，而患无正当之言论机关以为监督'，并说：'启发吾民爱国之心，使人人各尽其天职，以助教育之普及，则今日之报纸负责尤重。'开办费十万元，由黄兴从陆军部拨出。""《太平洋报》，创刊于1912年4月1日……经费由沪军都督陈其美拨给。"① 不难看出，陈其美在新闻事业的发展方面，态度还是比较开明的，并且愿意积极支持创刊办报，而广东都督陈炯明则态度迥然。

据有关资料记载，在陈炯明任粤省代理都督初期，广州报人陈听香主持《公言报》和《陀城日日新闻》两报，不时批评时政，言辞尖锐；又常以民意代表及政府监督员自居，招致陈炯明忌恨。1912年1月前后，《公言报》《陀城独立报》《国事报》等9家报纸，先后刊出燕塘新军解散的消息，陈炯明即以"事关军政，不容捏造事实，扰乱军心"为借口，勒令《国事报》停版，并传讯各报主笔，要拘留陈听香和《人权报》主笔陈藻卿。陈听香不服，于1912年1月13日领衔发表《广州报界全体布告同胞书》，指控陈炯明"干涉报纸之野蛮举动"，"欲借报馆以逞其大威福"，"欲为数月封八家报馆之张鸣歧第二"。② 1912年3月初，由于民军裁撤事务，陈炯明以"捏造谣言，煽惑人心，依附叛军，

---

① 马光仁主编《上海新闻史》(1850~1949)，复旦大学出版社，2014，第399页。
② 《广州报界全体布告同胞书》，《民立报》1912年1月23日。

妨害军政”诸罪名，于3月19日下令永远禁止《总商会报》出版，并逮捕司理人甘德馨。翌日，陈炯明又下令查封《公言报》《佗城独立报》，指其登载“匿名函件，造谣惑众，希图破坏政府，扰乱治安，核与《总商会报》情节相同，应一并查封究办”，“逮捕总司理人梁宪廷及总司理兼编辑人冯冕臣二名，编辑人陈听香”① 送陆军司讯办。4月9日，法务部根据陈炯明的旨意，以依附叛军、妨害军政等罪名，按“军律”第十条，将陈听香判定死刑，并很快执行。《申报》对此事件进行了综合报道（见图3-1）。

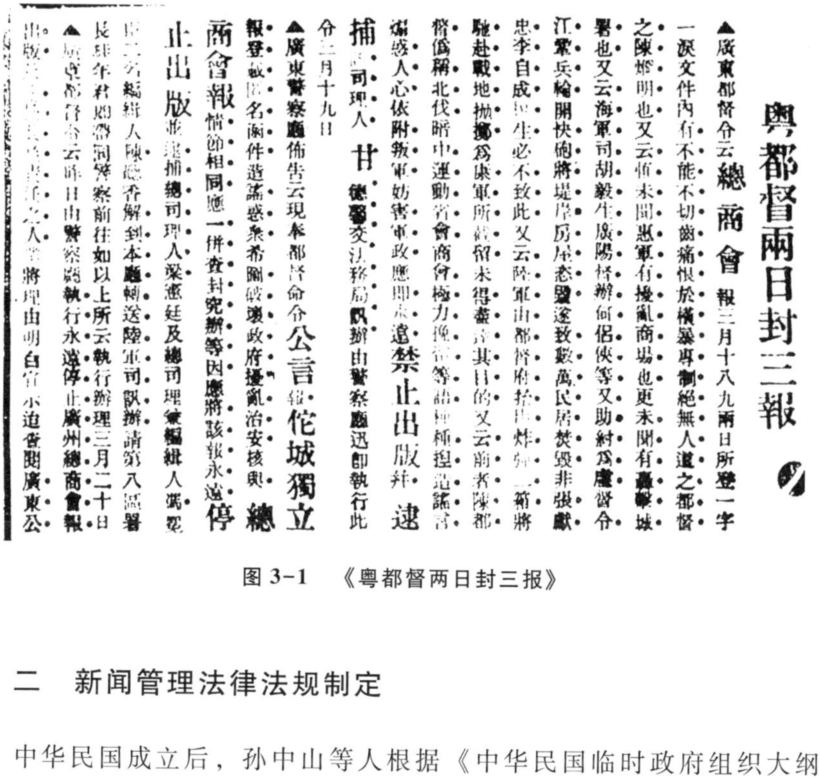
粤都督兩日封三報

▲廣東都督令云總商會報三月十八九兩日所登一字一派文件內有不能不切齒痛恨於橫暴專制絕無人道之都督之陳炯明也又云恒未聞愚軍有擾亂商場也更未聞有轟擊城署也又云海軍司胡毅生廣陽督辦何侶俠等又助紂爲虐督令江衆兵輪開快砲將堤岸房屋燬盡遂致數萬民居焚毀非張獻忠李自成[illegible]生必不致此又云陸軍由都督府抬出炸彈一箱將馳赴戰地拋擲爲康軍所截留未得盡達其目的又云前者陳都督僞稱北伐暗中運動省會商會極力挽留等語種種捏造謠言煽惑人心依附叛軍妨害軍政應即永遠禁止出版并逮捕該司理人甘德馨交法務局訊辦由警察廳迅即執行此令三月十九日

▲廣東警察廳佈告云現奉都督命令公言報佗城獨立報登載匿名函件造謠惑衆希圖破壞政府擾亂治安核與總商會報情節相同應一併查封究辦等因應將該報永遠停止出版並逮捕總司理人梁憲廷及總司理兼編輯人馮冕臣二名編輯人陳聽香解到本廳轉送陸軍司訊辦請第八區署長排年君聞警同警察前往如以上所云執行辦理三月二十日

▲廣東都督令云昨日由警察廳執行永遠停止廣州總商會報出版[illegible]人[illegible]將理由明白宣示迫查閱廣東公

图3-1　《粤都督两日封三报》

二　新闻管理法律法规制定

中华民国成立后，孙中山等人根据《中华民国临时政府组织大纲》组建南京临时政府。面对国内动荡不安的局势，维护革命成果、稳定

① 《粤都督两日封三报》，《申报》1912年3月27日。

地方秩序便成为临时政府当务之急。新闻事业管理的法律法规制定工作随后展开，但由于客观条件限制，及至临时政府解散，仅仅出台了部分法律条文及法律性文件。孙中山以为"编纂法典，事体重大，非聚中外硕学，积多年之调查研究，不易告成。而现在民国统一，司法机关将次第成立，民刑各律及诉讼法，均关紧要"。① 根据效力层级的不同，南京临时政府时期关于新闻事业管理的相关法律法规可分为四个层次。

（一）国家宪法赋予了人民言论出版自由的权利

1912 年 3 月 8 日，南京临时政府参议院通过《中华民国临时约法》，3 月 11 日公布实施，这是中国第一部资产阶级宪法性文件。其中第 2 章第 6 条第 4 款："人民有言论、著作、刊行及集会、结社之自由。""人民有书信秘密之自由。"

《中华民国临时约法》以根本大法确认了人民享有言论自由的权利，奠定了政府支持新闻事业发展的基调。同时，在宏观上对新闻事业发展做出了一定的约束和规范，第 2 章第 15 条规定："人民享有的包括言论、著作、刊行等各项自由权利，只有在'有认为增进公益、维持治安，或非常紧急必要时'，才能'以法律限制之'。"

即如果政府认为有必要，是可以以法律限制言论自由的，以维护国家稳定发展。这也为接下来南京临时政府的一系列相关举措提供了法律依据。

（二）行政法规《民国暂行报律》引发风波

南京临时政府的成立后，为尽快稳定社会秩序，使国家走上正常运行的轨道，政府宣布在不违反民主共和国体的前提下，有选择地沿用清朝法律法规。1912 年 3 月，南京临时政府总长伍廷芳呈请临时大总统孙中山咨

---

① 朱汉国、杨群主编《中华民国史》（第二册·志一），四川人民出版社，2006，第 283 页。

参议院议决，以为：

> 自光复以来，前清政府之法规既已失效，中华民国之法律尚未颁行，而各省暂行规约，尤不一致。当此新旧递嬗之际，必有补救办法，始足以昭划一而示标准。本部现拟就前清制定之民律草案、第一次刑律草案、刑事民事诉讼法、法院编制法、商律、破产律、违警律中，除第一次刑律草案关于帝室之罪全章，及关于内乱罪之死刑碍难适用外，余皆由民国政府声明继续有效，以为临时适用之法律，俾司法者有所根据。[①]

4月3日，参议院正式通过《新法律未颁行前暂适用旧有法律案》，指出：“现在国体既更，所有前清之各种法规，已归无效。但中华民国之法律，未能仓促一时规定颁行。而当此新旧递嬗之交，又不可不设补救之法，以为临时适用之资。此次政府交议当新法律未经规定颁行之前，暂酌用旧有法律，自属可行。”[②]

也就是说，前清的《民律草案》《第一次刑律草案》《刑事民事诉讼法》《法院编制法》《商律》《破产律》《违警律》等，除去关于帝室之罪全章和关于内乱罪之死刑等有悖国体的条文，皆为沿用。

唯《民律草案》前清时并未宣布，无从援用，嗣后凡关民事案件，应仍照前清现行律中规定各条办理。要求法制局将各种法律中与民主国体抵触各条签注或签改后，交由参议院议决公布施行。[③]

此前在1912年3月4日，南京临时政府内务部便宣布，废除前朝制定的《大清报律》，以新的《民国暂行报律》取而代之。《民国暂行报律》由内务部参事林长民草拟，主要内容是与新闻界约法三章，希望他们服从

---

①　朱汉国、杨群主编《中华民国史》（第二册·志一），四川人民出版社，2006，第283页。

②　《新法律未颁行前暂适用旧有法律案》，转引自邱远猷、张希坡《中华民国开国法制史——辛亥革命法律制度研究》，首都师范大学出版社，1997，第635页。

③　朱汉国、杨群主编《中华民国史》（第二册·志一），四川人民出版社，2006，第283~284页。

管理，不要流言煽惑，却引发抗议无数。如前文所述，上海十一家报纸以报界俱进会名义，同时刊登了致临时大总统孙中山的电文，表示强烈抗议。

由于反对意见激烈，通电见报的当天晚上，孙中山便下令取消《民国暂行报律》，并复电报界俱进会（见图3-2）。3月7日，上海各报都破例转载了一篇发表于《大共和报》上的文章《却还内务部所定报律议》（见图3-3），对《民国暂行报律》的约法三章逐一驳斥，认为内务部不仅越权制定法律，而且条文极不合理，"较前清专制之法更重"。[①] 3月9日，孙中山再度下令取消报律，并详细回答了报界的质疑，将事件定性为内务部操之过急，好心办了坏事。为平息舆论，孙中山于3月9日发表《大总统令内务部取消暂行报律文》：

> 案言论自由，各国宪法所重，善从恶改，古人以为常师，自非专制淫威，从无过事摧抑者。该部所布暂行报律，虽出补偏救弊之苦心，实昧先后缓急之要序，使议者疑满清钳制舆论之恶政，复见于今，甚无谓也。又，民国一切法律，皆当由参议院议决宣布乃为有效。该部所布暂行报律，既未经参议院议决，自无法律之效力，不得以"暂行"二字，谓可从权办理。寻三章条文，或为出版法所必载，或为国宪所应稽，无取特立报律，反形裂缺。民国此后应否设置报律，及如何订立之处，当俟国民议会决议，勿遽亟亟可也。除电复上海各报外，合行令仰该部知照。此令。[②]

《民国暂行报律》到此便消亡，风波也随之平复。

---

① 颜浩：《民国元年：历史与文学中的日常生活》，陕西人民出版社，2012，第103~104页。

② 刘萍、李学通主编《辛亥革命资料选编·第四卷》（下册），社会科学文献出版社，2012，第810页。

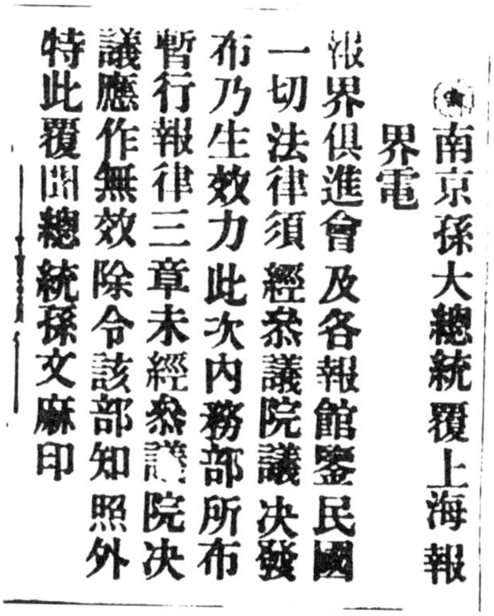

南京孫大總統覆上海報界電

報界俱進會及各報館鑒民國一切法律須經叅議院議決發布乃生效力此次內務部所布暫行報律三章未經叅議院決議應作無效除令該部知照外特此覆聞總統孫文麻印

图 3-2　孙中山复报界电①

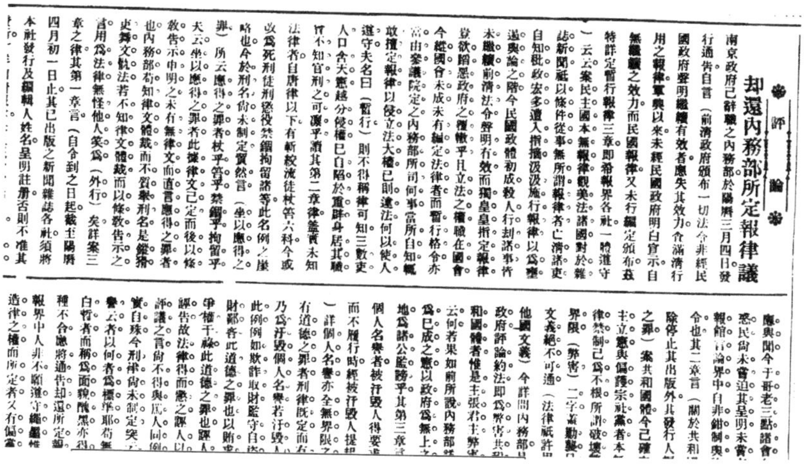

評論

却還內務部所定報律議

南京政府已辭職之內務部於陽曆三月四日發
行通告自言（前清政府頒布一切法令非經民
國政府聲明繼續有效者應失其效力食滿清行
用之報律事與以來未經民國政府明白宣示自
無繼續之效力而民國報律又未行編定頒布茲
特詳定暫行報律三章即希報界各社一體遵守
）云云案民主國本無報律觀美法諸國對於雜
誌新聞紙以條件從事無所謂報律者亡清諸吏
自知秕政宏多遭人指摘汲汲施行報律以爲壅
遏輿論之階今民國政體初成殺人行刦諸事皆
未繼續前清法令聲明有效而獨皇皇指定報律
豈欲蹈惡政府之覆轍乎且立法之權職在國會
今縱國會未成未有編定法律者而暫行格令亦
當由參議院定之內務部所司何事當所自知輒
敢擅定報律以侵立法大權已則違法何以使人
遵守夫名曰（暫行）則不得稱律可知三數吏
人口含天憲越分侵權已自陷於重辟身居其職
而不知官刑之可懍乎讀其第二章律義實未知
法律者自唐律以下有斬絞流徒杖笞六科今或
改爲死刑徒刑懲役禁錮拘留諸等此名例之崖
略也今於刑名尚未制定貿然言（坐以應得之
罪）所云應得之罪者杖乎笞乎禁錮乎拘留乎
夫云坐以應得之罪者此據律文已定而後以條
教告示申明之未有無律文而直言應得之罪者
也內務部苟知律文體裁而不貿舉刑名是雖猾
吏舞文執法若不知律文體裁而以條教告示之
言用爲法律無怪他人笑爲（外行）矣詳案三
章之律其第一章言（自令到之日起截至陽曆
四月初一日止其已出版之新聞雜誌各社須將
本社發行及編輯人姓名呈明註冊否則不准其
發行

應與聞今于哥老三點諸會
惡民尚未嘗迫其呈明未嘗
報館言論界中自非鉗制輿
令也其二章言（關於共和
除停止其出版外其發行人
之罪）案共和國體今已確
主立憲與偏護宗社黨者本
律禁制已爲不根所謂破壞
界限（弊害）二字義勤襲
文義絕不可通（法律祇許
他國文義）今詳閱內務部
政府評論約法即爲弊害共
和國體者惟是主張君主弊害
云何若果如前所說內務部
爲已成之憲以政府爲無上之
地爲諸公監謗乎其第三章
個人名譽者被汙毀人得要
而不履行時經被汙毀人提
一詳個人名譽亦全無界限之
有道德之罪者刑律既定而有
乃爲汙毀個人名譽若汙毀人
此例例如欺詐取財監守自
財罪者此道德之罪也以賄求
爭權干祿此道德之罪也罪人
罪告故法律得而懲之罪人以
評議之言尚不得與庶人同例
實自殊今刑律尚未制定矣
譽云者以何者爲標準耶苟無
白皙者而稱爲面貌醜黑亦得
種不合應將通告却還所定報
報界中人非不願遵守編纂惟
造律之權而所定者又有偏當

图 3-3　《却还内务部所定报律议》②

（三）部门性法律法令促进了新闻业的发展与繁荣

民初新闻界人士咨请临时大总统，言邮资过高，各报社收入微薄，难

① 《南京孙大总统复上海报界电》，《申报》1912 年 3 月 8 日。

② 《却还内务部所定报律议》，《申报》1912 年 3 月 7 日。

以为继。上海日报公会呈请临时大总统孙中山诉说"军兴以后"新闻报纸经营方面的种种困难情形，请求临时政府"减轻（新闻报纸邮寄发行）邮电费"。孙中山临时政府对此十分重视，1912 年 3 月 17 日签发《（大总统）令交通部核办报界公会请减邮费文》，指出："报纸代表舆论，监督社会，厥功甚巨。此次民国开创，南北统一，尤赖报界同心协力，竭诚赞助。"指示交通部"酌核办理"。而后特电请袁世凯降低邮费。这在《临时政府公报》第四十九号有记载：

> 北京袁大总统鉴：前据上海日报工会呈陈军兴以后困难情形，请减轻邮电费前来。查报纸代表舆论，监督社会，厥功甚巨。此次民国开创，南北统一，尤赖报界同心协力，竭诚赞助。所称困难情形，自属实况。若不设法维持，势将相继歇业。当将原呈发交交通部核办。兹据呈复，拟嗣后凡关于报界之电费，悉照现时价目减轻四分之一，邮费减轻二分之一，庶商困得以稍苏，而邮电两项亦不致大受影响。除电费一项令行上海电报总局知照外，邮费一项，恳电袁大总统转饬北京邮电总局帛黎遵照等情。相应电请查照，转饬遵办，并见复为盼。孙文。①

袁世凯随后即复电孙中山表示同意：

> 孙大总统鉴、交通部：电悉。邮票事，饬据邮政总局复称，帛黎全为省费起见等语。已由邮部饬知邮局，将此项邮票即日停发矣。袁世凯。②

---

① 刘萍、李学通主编《辛亥革命资料选编·第四卷》（下册），社会科学文献出版社，2012，第 934～935 页。
② 刘萍、李学通主编《辛亥革命资料选编·第四卷》（下册），社会科学文献出版社，2012，第 938 页。

邮资的减免，对于民初报界乃至新闻界的发展都起到了促进作用，这也再一次表明南京临时政府对于新闻事业持开明态度，并且积极鼓励支持其发展。

（四）各省的纲领性法令保障了地方新闻事业的发展

辛亥革命浪潮推过，南方各省纷纷宣布独立，脱离清廷控制，并且颁布了自己的地方法规和规章。部分省份对新闻事业管理十分重视，有些甚至专门出台一系列关于新闻管理的规章制度。

四川是一个典型代表。独立后，四川发布过《蜀军政府求言公告》《四川独立条约》《大汉四川军政府报律》等文件，展示出军政府对于言论自由的认可，对新闻监督的开明接受。"广泛征求群众对政府的意见和要求，称自军政府成立以来，'先后所接条陈，不下数千，凡属可行，无不虚衷采纳。然亦有不合时务，窒碍难行者，以立意可嘉，亦不驳斥，以梗言路。此后如有美意良法，请投书礼贤馆，并加注姓名、籍贯、住址，曾经担任何种义务。倘可实行，立为延见，咨询一切'。蜀军政府还公开表示'都督有博采舆论，择善施行，以图谋公共幸福之责'。"①

《四川独立条约》第十条明确提出："请帅即饬巡警署，不必干涉报馆议论，以便先事开导，免致临时惶骇。"《大汉四川军政府报律》共三十七条，其内容基本上是因袭《大清报律》的条规，仅略加修改而已。要求新闻报道必须属实，不许揭载"挑激外交恶感之语；淆乱政听之语；扰害公安之语；败坏风俗之语"；"发行人或编辑人不得受人贿嘱，颠倒是非。亦不得挟嫌诬蔑、损人名誉"；"军政机密事件报纸不得揭载"；"外交重要事件政府未发表以前，报纸不得揭载"等，如果违背，将受到处罚。②

此外，四川军政府还专门发出《严禁殴辱报馆示》，明确宣布：

---

① 王绿萍著《四川近代新闻史》，四川大学出版社，2007，第314~315页。
② 王绿萍著《四川近代新闻史》，四川大学出版社，2007，第315页。

照得言论自由，本系报馆天职。有时议论失当，或者记载不实，果然报馆无理，惩戒自有报律。轻则勒令更正，重则告官处置。动辄辱骂殴打，殊非文明面目。特此申告军民，切勿违法任意，有理反成无理，严办绝不姑息。①

表明新的政权对言论自由和维护新闻工作合法权益的重视。都督府专门制定《都督府招待新闻记者简章》，在都督府特设新闻记者室，为记者进入都督府进行采访提供便利，并将都督府往来电报按时送交新闻记者抄阅。

另一个代表则是上海。上海的新闻管理研究则要分为租界和非租界两个部分。公共租界属于外方管辖范围，各项行政机制及法律传统习俗与中国不同，租界更多的是适用西方的法律思维。在英国等习惯法国家，判例即为法律，具有法律效力。因此，对相关判例的研究便可以代表租界内外方对新闻管理的态度及一贯做法。

《民权报》创刊不久，因在时评中批评袁世凯阴谋篡权行为和章太炎的妥协错误，公共租界巡捕房以"任意毁谤"的罪名，出票拘捕该报主笔戴天仇到公共租界会审公廨受讯。此案受到社会广泛关注，各界人士要求工部局做出合理解释并释放戴天仇，然而会审公廨依旧强行做出了判决：

共和国言论虽属自由，惟值此过渡时代，国基未固，建设方兴，尤贵保卫公安，维持大局。苟政府措置失当，亦宜善言规导，使之服从舆论。该报措辞过激，捕房以鼓吹杀人具控到案，迭经讯明。应依照中华民国新刑律第二百十七条，妨害秩序罪减五等处断，罚洋三十元，此判。②

---

① 王绿萍著《四川近代新闻史》，四川大学出版社，2007，第316页。
② 马光仁主编《上海新闻史》（1850~1949），复旦大学出版社，2014，第434页。

租界当局援引中国法律，以妨害秩序罪处戴天仇罚款三十元，看似尊重中国法律，实则手段卑劣，并以此判例作为后效，即如再有报人触犯工部局所认为的"任意毁谤"罪行，会审公廨便可以《中华民国新刑律》第二百十七条予以惩处。对此，上海报界做出强烈抗议：

> "此端一开，恐嗣后捕房吹毛求疵，随时以一纸污辱而摧残报界，使人人自危，其关系天仇个人之事小，而蹂躏摧残舆论，蔑视我民国其事大……嗣后不得妄用拘票，横加干涉，以重言论而资保护。"①

当然，这其中也有南京临时政府时期治外法权尚存的因素。《中华民国对于租界应守之规则》规定："上海公共租界、法租界二处行政、警察等权，均操于外人之手，应俟大局底定，再行设法收回。现时华人在租界内，暂不可率行抵抗或鲁莽从事。"②

而非租界部分则由沪军都督府管理，上文论述及沪军都督陈其美对于新闻事业的态度，便是彼时沪上政府的姿态。据已有史料记载，并未发现沪军都督府制定过相关新闻事业管理的法规。

需要说明的是，地方法规是指地方政府根据法定程序制定或认可的关于地方事务管理的法律条文，它和行政命令不同，必须依法制定。因此，民初堪称地方性法规的新闻管理条文并不多见，上海便是如此，更多地依靠行政命令来规范新闻事业。广东等省则是另外一种情况。如上文所述，广东陈炯明在处理新闻管理事务时，更多的是依据军法和个人意愿，这些也不能称为地方法规，更不能纳入民初新闻事业管理法律体系之中。

---

① 马光仁主编《上海新闻史》（1850~1949），复旦大学出版社，2014，第433~434页。
② 《中华民国对于租界应守之规则》（1912年1月12日），转引自《中华民国史档案资料汇编》（第一、二辑），凤凰出版社，1991，第2页。

第二节 南京临时政府新闻管理体制的运行

在新闻管理体制的运行过程中，南京临时政府通过刊发官报、建立与记者面对面的对话机制公开政府信息，开放舆论监督，彰显了新政府对新闻宣传的重视及对言论自由的支持态度。同时，通过设立新闻宣传纠纷的法律救济来化解新闻活动中的矛盾，进而维持社会秩序的稳定。

一 刊发官报

如前所述，南京临时政府存续时间虽不长，却拥有一份完整的《临时政府公报》，自 1912 年 1 月 29 日起，共 58 号，日出一册，截至其解散，从未疏漏过。公报以宣布法令、发表中央及各地政事为主旨，"以宣传法令、发表中央及各地政事为主旨"，分为六个门类："曰令示、曰电报、曰法制、曰纪事、曰抄译外报、曰杂报"，具体为：

> 一令示教令部令各部指示训令各官署告示南京府令警察厅令；二电报；三法则国家法制及草案各官司署编制法及办事规则各局所章程其他各项订定章程；四纪事职员任免迁转中央杂纪各地杂纪；五抄译外报；六杂报总统府谒见人名单海陆军行动统计报告气象报告各官署广告祝词颂词。①

这些基本涵盖了南京临时政府的日常工作内容。公报是南京临时政府出版发行，并命各官署统一购阅，是政府信息公开的主要方式：

> 临时政府成立，政事上一种公布性质，宜有独立机关经营，以

---

① 刘萍、李学通主编《辛亥革命资料选编·第四卷》（下册），社会科学文献出版社，2012，第 518~519 页。

收其效，则发行公报是也。东西洋各国莫不有之。兹经委令创设经始出版，应令各行政机关咸有购阅该报之义务。除将暂定则例登载该报一律照办外，为此令该部都督卫戍总督知照，并通饬所属一体遵照。①

同时，公报又是各法律公文产生效力的唯一证明："政府对于各地所发令示，或宣布法律，凡载登本报者，公文未到，以本报到后为有效。"②公报的出版发行，除公开了中央各日常工作信息外，还将各地方政府工作信息予以公布：

> 各省官厅所有暂行条件、命令及职员之任免、迁转等项，均希随时抄送本局。其地方自治团体办理公共事业，如道路、卫生、医院、学校、救贫等项之经过及其成绩亦可随时抄送本局，登载公报，借觇地方之情况而彰民治之精神。③

《临时政府公报》由南京临时政府总统府公报局编纂、总统府印铸局工厂印制，"公报局直隶于临时大总统，掌管编纂临时政府公报及缙绅录，并印刷发行事务"，④ 但焘任公报局局长。但焘当时位列"总统府秘书处"内设"民事组"三位秘书之首，这一上下"衔接"的重要官员来负责《临时政府公报》的具体事务，对提高《临时政府公报》内容的权威性及时效性具有重要意义，也体现了孙中山领导的临时政府对此项工作的重视。

---

① 刘萍、李学通主编《辛亥革命资料选编·第四卷》（下册），社会科学文献出版社，2012，第 546 页。
② 刘萍、李学通主编《辛亥革命资料选编·第四卷》（下册），社会科学文献出版社，2012，第 528 页。
③ 刘萍、李学通主编《辛亥革命资料选编·第四卷》（下册），社会科学文献出版社，2012，第 719 页。
④ 《官报局官职令草案》，《民立报》1912 年 2 月 2 日。

南京临时政府参议院 1912 年 4 月 4 日通过《印铸局官制》，规定："印铸局直隶于国务总理，掌管制造官用文书、票券、勋章、徽章、印信、关防、图记及其他物品，并刊行公报及职员录等事务"，[①] 明确了《临时政府公报》的印刷事务由印铸局承担。本埠分售处设在南京中华报社、南京中正街昇平桥易安精舍。外埠经售处有上海的《民立报》《大共和报》《时报》《申报》《新闻报》《天铎报》《时事新报》《启民爱国报》《神州报》《中外日报》；广州的《中国日报》；天津的《民意报》；旧金山的《大同报》《中西报》《少年报》以及檀香山的《自由新报》等。[②]

为了督促各官署履行订阅公报的职责，孙中山发布大总统令：

> 临时政府成立，政事上一种公布性质宜有独立机关经营以收其效，则发行公报是也。东西洋各国莫不有之。此经委令创设，经始出版，应令各行政机关咸有购阅该报之义务，除将暂定则例登载该报一律照办外，为此令该部都督卫戌总督知照，并通饬所属一体遵照。此令。[③]

1912 年 2 月 25 日，公报局在《临时政府公报》"杂报"类同时刊登了三件《临时政府公报局告白》，"告白一"责成各省官厅将"所有暂行条例、命令及职员任免、迁转等"与"其他地方自治团办理公共事业之经过及其成绩"随时抄报公报局。"告白二"是公布贩卖公报办法，"可将领报份数及贩卖区域、本人姓名、年龄、职业、住所及贩卖章程呈送本局核定，并须酌交保证金"。"告白三"是公报订阅方式，"须将报费迳寄总统府内临时政府公报局，由本局挚取收条，即饬发行所照寄。空函定报概不答复"。[④] 三件"告白"将内容建设、发行方式及订阅办法进行了一一阐

---

① 《印铸局官制》，载《参议院议事录参议院议决案汇编》（甲部一册），北京大学出版社，1989，第 75~76 页。
② 《本报白》，《临时政府公报》（第 9 号）1912 年 2 月 6 日。
③ 《大总统令各部及卫戌总督暨各都督》，《临时政府公报》（第 4 号）1912 年 2 月 1 日。
④ 《临时政府公报局告白一》《临时政府公报局告白二》《临时政府公报局告白三》，《临时政府公报》（第 22 号）1912 年 2 月 25 日。

述，进一步规范了公报的编辑营运流程。1912 年 3 月 12 日，公报局发布了《公报局咨各部、各都督饬属购阅公报并派员专理文》，进一步强化《临时政府公报》发行制度建设。①

公报的刊行，是南京临时政府主动公开政府信息、开放舆论监督的有力行为，也是中国历史上第一个仿照西方国家资产阶级共和政体成立中华民国临时政府后创办的中央政府机关报。同时，也为南京临时政府争得一席舆论阵地，树立政府舆论权威，具有划时代的意义。

此外，各地军政府也积极筹办机关报，宣传反清革命，引导舆论走向，向国内外表明立场。如湖北军政府的《中华民国公报》（1911 年 10 月 16 日创刊）、湖北汉口军政府的《新汉报》（1911 年 10 月 22 日创刊）、湖南军政府的《长沙日报》（1911 年 10 月 23 日创刊）、重庆蜀军政府的《国民报》、中华民国军江苏都督府的《江苏大汉报》（1911 年 11 月 10 日创刊）、山西军政府的《山西民报》（1911 年 11 月 29 日创刊）、四川军政府的《四川军政府官报》（1911 年 12 月 2 日创刊）和《四川独立新报》（1911 年 12 月 28 日创刊）、浙江军政府的《汉民日报》（1911 年 11 月 8 日创刊）、《浙江军政府公报》（1912 年 1 月 22 日创刊）及常州军政分府的《新民日报》（1911 年 11 月 11 日创刊）等。

二　建立与记者沟通机制

孙中山一直重视与报业的关系，除了撰文表达自己政论观点外，还主动与记者面对面，提供信息、沟通意愿、争取民心、消除误会。南京临时政府成立之后，在设立公报局编纂《临时政府公报》发布政务信息之外，总统府会协调临时大总统孙中山不定期与中外记者会晤，就具体事件进行沟通交流，向新闻界公布信息，借助报纸表达观点。

南京临时政府内阁组建完成后，外界对伍廷芳担任法部总长颇有微

---

① 《公报局咨各部、各都督饬属购阅公报并派员专理文》，《临时政府公报》（第 36 号）1912 年 3 月 12 日。

词。对此，1912年1月6日，孙中山面对《大陆报》驻南京记者的提问时，做出解释：

> 本政府派伍博士为法部总长，并非失察。伍君固以外交见重于外人，惟吾华人以伍君法律胜于外交。伍君上年曾编辑新法律，故于法律上大有心得，吾人拟仿照伍君所定之法律，施行于共和民国。夫外交本为一国最重要政策，然法律尚未编定，虽有俾斯麦、拿破仑之才，掌理外交，亦将无用。中华民国建设伊始，宜首重法律，本政府派伍博士任法部总长，职是故也。①

孙中山在向新闻界解释为何让伍廷芳担任法部总长，而非外交部长的同时，也将法律编定的重要性进行了阐述。

在与《字林西报》等报纸记者的谈话中，孙中山对袁世凯出尔反尔的行为进行了批驳，"忽袁氏电称：'南京临时政府应于清帝退位二日内即行取消。'吾人以为袁氏前既有可疑之状，今又有此举，莫不为之惊讶，决定不允照准"。提出袁世凯南下的意见，"如袁氏不欲俟列强承认，则余当亲往北京一行，或袁氏南来亦可，以磋商最后办法，一面仍以袁氏为大总统。余辈所不欲者，惟袁氏不承认吾人所定之临时政府，及不照吾人所定办法，任意私举代表而已。袁氏之举动，即欲反乎此。果袁氏欲余北上，余无所畏。若袁氏南来，余亦保其无虞"。②

南京临时政府成立后，孙中山就民国和中国的国际地位以及对袁世凯的看法等话题与美国记者麦考密克进行了近一个小时的对话。孙中山希望通过美国记者向美国政府表达获得国际社会承认的意愿：

> 我们有三亿六千万人民，我们在十五个省份行使权力——远达缅

---

① 《大陆报载孙大总统对访员宣言》，《天铎报》1912年1月8日。
② 《字林报载孙大总统对访员宣言》，《民立报》1912年1月25日。

向边境。我们有政府，但不合法。我们不能继续这样下去。人民已在督责我们，他们不了解列强为什么不承认我们，他们不了解我们的外交问题。你知道，排外的情绪到处都是，它可能爆发，我们无法阻止它——我们无法向那些督责我们的中国人解释。世人都很友善——欧洲人都够朋友——我们到处都有朋友。但我们需要的是承认，你们应该承认我们。

同时，坚定地表明"一个政府"的立场，"我国人民的感情是一致的。所有的人都反对满清，都站在我们一边。北京没有政府"。在谈话中，孙中山也表现了对袁世凯的怀疑，在麦考密克觉得"他（袁世凯）不可能只为其自身的利益行事"后，孙中山表示，"如果我能拿得准他是如此，我就没有什么焦虑了"。[1]

"北京兵变"后，孙中山依旧对袁世凯抱有一线希望。他在南京答记者问时，依旧言称此次兵变为叛兵勾结土匪所为，否认袁世凯无弹压之力。

> 此次北方兵变，颇为关心。前此北省之事不与南省涉者，今则不然。深信袁大总统有弹压方法，外间虽有恐慌谣言，不足以阻信任。民国政府必设法维持北方秩序，保护外人生命财产。南省现正筹备协助大总统，此次之事非袁无弹压之力，实因叛兵勾结土匪而起，北方军士暨人民皆忠向共和。[2]

三　设立新闻宣传纠纷的法律救济

南京临时政府存续期间，关于新闻宣传纠纷司法裁判的记载并不多。民国初年，新闻宣传类的纠纷主要有两种类型：一是时人成为"报案"的

---

[1]　陈夏红选编《孙中山答记者问》，中国大百科全书出版社，2012，第35页。
[2]　《字林报载孙大总统对访员宣言》，《民立报》1912年3月6日。

事件，主要是政府管理与报业经营者之间的行政纠纷；二是报业经营过程中产生的民、刑事纠纷。国家管理过程中，必然需要相应的救济措施来化解纠纷矛盾，维持社会秩序的稳定。因此，救济制度的设计运行也是政府行政管理的重要组成部分。

第一类纠纷中，典型案例主要有：一、"暂行报律"风波；二、黄世仲、陈听香之死。"暂行报律"风波是对立法目的及程序的质疑，不涉及司法适用领域；陈炯明处死黄世仲、陈听香，则是直接适用军法，军事法律的适用和执行与普通民刑诉讼不同。这两者均没有适用既有的司法程序去解决，因此不能算作一种法律救济机制。

关于第二类纠纷，则是值得重点考究的。现可考的记载有二，均是民国二年的案例，由大理院做出的法律适用解释。"宣统元年（1909 年），先后颁行各省商埠各级审判检察厅编制大纲，及法院编制法，专设司法机关，掌理民刑诉讼，定四级三审制度。民国成立，仍沿用之。"① 因此，民初大理院即为终审机关，其做出的法律适用解释具有权威效应，可视为一种司法解释行为。

统字第 19 号②

民国二年五月十三日大理院复京师第四初级审判厅函

径复者：

准贵厅函开：本年四月十二日《政府公报》载钧院致总检察厅公函内开："前清《修正报律》第十一条但书所谓'专为公益，不涉阴私'，有二条件：一须能证明其事实；二须关系公益，非专属个人私德之事实。虽能证明其事实，苟专属个人阴私者，固不能阻却犯罪之成立；即属公益，苟不能证明其事实，亦不应在此范围之内。查前清《报律》第八条，报纸登载错误，若本人或关系人请求更正或将更正书、辩驳书请

① 汪楫宝著《民国司法志》，商务印书馆，2013，第 7 页。
② 郭卫编著《民国大理院解释例全文》，中国政法大学出版社，2014，第 264~265 页。

求登载者，应即更正或将更正书、辩驳书照登。又钧院元年上字第十七号判决理由内称：犯罪行为，应以行为时具备法定要素为成立条件，断不能因事后之匡正或其他之追悔行为而妨碍其成立。《报律》第八条更正之义务，系为维持公益起见，令编辑人负特种之义务，与第十一条犯罪之成立毫无关系。是《报律》第十一条犯罪之成立，似有不问事实之有无（之意）；不过有无其事，编辑人更负更正之义务而已。反言之，则所谓'专为公益，不涉阴私'者，似亦只需问其是否关系公益，非专属个人私德之事实。法文及立法意，固亦无所谓证明事实之意含其中也。往覆审释，疑窦殊多"等因到院。

　　查《报律》第八条更正之义务，与第十一条犯罪之成立，两不相涉，毫无关系。本院判例，言之甚明。不得据此谓第十一条犯罪之成立，不问事实之有无也。质言之，第八条所谓错误，不专指损害他人名誉而言，范围极广。以极端言，即称颂揄扬之语，亦可请求更正，且并不问事实真系错误与否。苟其更正辩驳词意不背法律，并具备姓名、住址者，报纸即有更正之义务；非谓"有其事实，即无更正之义务"。观于该条，文义自明。至第十一条之但书，则仍以前次本院函复总检察厅两层为要件。至本院元年上字第十七号判决之意义，系谓"如无其事实，虽事后更正，仍不能阻却犯罪之成立"。即言两条毫不相关也。观判全文，其义自能明晰。相应函复贵厅查照可也。

　　此复！

统字第 29 号[①]
民国二年五月二十八日大理院复总检察厅函
径复者：

　　准贵厅函送京师第四初级检察厅呈称，现行《刑律》为普通法，前清《报律》为特别法，惟普通法有具体的规定，而特别法仅有概括

[①]　郭卫编著《民国大理院解释例全文》，中国政法大学出版社，2014，第271~272页。

的规定，究应如何适用之处？不得不请指示。并举报载受贿贪赃侵蚀公款之例，谓应否适用《刑律》第一百五十五条第一项之规定，抑或适用《报律》第十一条之规定？又举报载官员受贿，同时并载其丑行之例，谓是否俱发，抑应从重等因到院。

查《报律》第十一条，专系《刑律》第三百六十条之特别法，非一百五十五条之特别法。该厅所谓"概括""具体规定"等语，未免误会。《刑律》第一百五十五条之行为，《报律》即无规定，即系对于报馆无特别法；无特别法者，当然适用《刑律》。例如报馆教唆杀人，自应适用《刑律》第三百十一条及第三十条，其不能谓《报律》第十一条概括的规定而牵强附会也明矣！以此论结，则该厅所举之前例，乃对于官员职务公然侮辱，当然适用《刑律》第一百五十五条第一项；其后例，自系俱发，依《报律》第三十条规定，不适用《刑律》俱发从重之规定，则《刑律》俱发罪一章，当然不能适用，从重问题，亦不发生。相应函复贵厅，令行该厅查照施行。

此复！

根据汪楫宝著《民国司法志》的民国司法大事年表中，民国元年至民国二年，对民刑法律的调整制定几乎没有，除元年四月，公布《暂行新刑律》；八月，公布《暂行新刑律施行细则》。[①] 该著作中，曾对"暂行新刑律"做出过解释，即"民国成立之初，将前清新刑律中与国体抵触各条删除，暂准援用，名曰暂行新刑律"。可以大胆推测，民国二年对于新闻宣传引起的民刑纠纷，处理方式与南京临时政府时期没有质的变化。此外，上述两个案例中，第一个案例最终适用的是前清《报律》，第二个案例适用的是现行《刑律》，这个"现行《刑律》"所指的便是民国元年的《暂行新刑律》。因此，这两个案例可以支撑对南京临时政府这个特定历史时期的考察论据，对于本书的研究具有参考意义。

---

① 汪楫宝著《民国司法志》，商务印书馆，2013，第 116 页。

通过分析大理院对两个案件的处理意见，可以窥探出丝丝缕缕普通新闻宣传民、刑事纠纷的救济措施。

第一个案件中，关键点在于对报纸宣传中"专为公益，不涉阴私"的免责条款适用时效的界定。民国初年，由于法制不够健全，报纸"名誉纠纷""刊载不实"等事件不在少数，民国初年适用的前清《钦定报律》中对此有专门规定，案例中所提的第十一条："损害他人名誉之语，报纸不得登载，但专为公益不涉阴私者不在此限。"在报纸刊载损害他人名誉的内容并发行时，如果不属于"专为公益，不涉阴私"的特殊情况，那这种行为就构成对报律的违反，其后是否更正不影响违法行为的构成。从此案中可以看出，对于报纸经营者在刊载内容方面的违规违法行为，适用民国初年沿用的前清《钦定报律》。

第二个案件中，关键点在于特别法《报律》和普通法《刑律》的适用选择问题。即在报纸经营过程中，如果有同时违反《刑律》《报律》的，视具体情况而定。《报律》中的一些刑罚措施，相对于《刑律》而言，是特别适用条例，如果违法行为符合《报律》的相应规定，则优先适用《报律》。如果《报律》无特别规定，则直接适用《刑律》。如函中提到"报馆教唆杀人，自应适用《刑律》第三百十一条及第三十条，其不能谓《报律》第十一条概括的规定而牵强附会也明矣！"

法律适用选择问题，是法律体系严谨性的体现。从以上两个案例中，可以推断出，在新闻宣传活动中出现法律纠纷时，"名誉纠纷"一般适用特别制定的《报律》，其他严重的刑事犯罪行为，则多适用更为专业和系统的《刑律》。而报馆经营者与政府之间的行政纠纷，虽《报律》中有相关规定，如"处罚金""注销存案"等，但在民初并非这类纠纷救济的首选渠道。这类案例记载虽然不多，却极具参考意义，无论是对于新闻从业者还是普通民众，都具有教育引导价值。

第四章 南京临时政府新闻管理体制的历史贡献与局限

武昌起义，清帝退位，清王朝统治结束。以孙中山为首的革命党人成立南京临时政府，推行民主共和，创立新的新闻法制体系，新闻事业得以喘息。南京临时政府虽为期不长，对于彼时的新闻人而言，却是最为自由的时期。以孙中山为首的资产阶级革命党人，力图推翻清廷旧制，建立资产阶级民主共和国。在新闻管理方面，南京临时政府通过一系列政策法规，确立了基本的新闻管理体制。虽然它对民国初年新闻事业的发展具有不可替代的贡献，但南京临时政府时期，对于新闻事业的管理有诸多不足之处，甚至缺乏政府公共管理的一些基本要素，没有完成相应行政权力渊源的设定解释，没有对该项事业的发展形成清晰的认识和合理的规划，自然也未能构成一套完善的管理机制。

第一节 对新闻事业发展的贡献

南京临时政府的成立，为资产阶级革命派创建意在推进新闻事业发展的新闻法制提供了政治基础，政府明确地认可民众"言论自由"的权利，解决了一直以来清廷避而不答的问题，对于促进民初新闻业的发展具有重要的进步意义。除了数量、种类层面的增加外，更值得探讨的是新的政治体制产生了新的管理理念和管理模式，这些对于报刊有着深层次的催化和改变。

一　促进新闻职业理念转向倡言国事

由于政权更迭，清廷对于新闻界的政治管控、法律约束大为减弱。禁约一开，国人纷纷举笔著言，一改"莫谈国事"的避讳，对国家局势和政府行为光明正大地发表意见。南京临时政府成立，民主共和政权的确立，给报界带来的影响深远，戈公振称之为"报业黄金期"。除了数量、种类层面的增加外，更值得探讨的是新的政治体制产生了新的管理理念和管理模式，这些对于报刊有着深层次的催化和改变，主要体现在报刊的价值定位实现了质的转变。

近代报刊自进入中国始，便背负着太多的历史使命。传教士将报刊带入中国，希望用这种方式去撕开中国铁桶一般的社会，将西方的宗教思想散播出去；随后外资在中国办报，及甲午战败，维新论起，变法志士通过办报来宣传维新思想，痛陈朝廷积弊，引得太后震怒，朝臣纷然，有赞成欣赏的，自然也有抗拒抵触的，这群知识分子看似带着变革的热情，实则期望以此为契机投身朝野，其终极目的不在办报，而在他们所评判的那个宫墙里，办报只是一个引起朝廷重视、增加自身政治筹码的工具。广受溢美的"横三民""竖三民"，作为革命派报刊的代表，字里行间充斥着对清廷的抗议，对专制的厌恶，言辞犀利，观点尖锐，然而说到底，革命派办报同样是为了宣传自己的政治主张，争取民心支持，以推翻清王朝，还"汉家天下"，对"民主共和"的了解也未必有多深刻。

中国近代报人对报纸的认识，是从工具价值开始的。在不同的历史背景下，物尽其用，将报纸的某些工具价值发挥到极致。报刊自近代出现在中国以来，一直处于思想先导地位。中国闭关锁国、自以为泱泱大国时，报刊在介绍疆域以外的广阔世界；清廷愚民弄权时，报刊在倡导通达上下、开化民智，甚至开化官智；封建王权试图维系专制政统时，报刊在宣扬民主共和、自由平等。归功于报人的不懈努力，晚清时期中国封建顽固的保守思想逐步得到解放。但是，持续两千多年的专制思维，在中国根深蒂固，需要深刻的变革才能实现质的改变。只要皇帝不倒，皇权还在，各派志士都不能真正理解或感受到"民主、共和"的真正含义，他们所有的努力都是为了实现"治国平天下"的儒家正统抱负，民主共和还是君主立宪抑或是专制王权，对他们来说都不是非其中之一不可。"以康有为、梁启超、汪康年等人为代表的维新知识分子大多是有功名而没有官职的在野人士，但是他们的政治意愿很强，特别是康有为，早年即有经营天下之志，有非常强烈的'得君行道'思想。梁启超曾说他的老师论政之目的在于民权，'而揆时势以谋进步，则注意于格君'。可谓一针见血。"① 康有为办报的目的不仅仅是开通民智，更是为了借助报纸培育势力，展示自己的政见，从而获得接近皇权中心的机会。对彼时的清廷而言，报刊不是新鲜事物，但报刊的管理却是一个难题，清廷厌恶之，必不可能以开明之姿支持其发展，然而直接取缔又会引起民众的不满，并且除之不尽，因此对于报业，清廷并不能很好地拿捏管理尺度。康有为便是利用了这一点，向光绪帝提交出一份颇合君心的"报刊实践论"，从办报到办官报。因此，维新变法也不过是带着思变色彩的又一次士儒诉权行为，而报刊只是其中一个工具。办报人层面虽然大多视办报自由为言论自由，却鲜有人能理解这份自由所代表的政治文明。因此，相当一部分报人也并没有真正思想解放，没有真正理解近代报刊的内涵价值，工具性意义更为明显，并未能做好迎接"言论自由"的准备。

诸多办报人中，梁启超算是一个例外。梁启超曾在《敬告我同业诸君》中阐释出报刊"监督政府、引导国民"的价值取向，这与当时的其他办报者不同，在这个价值取向里，尽管有着梁启超本人的政治追求，但更多的是对一种新型政媒关系的探究，这和单纯的报纸依附当权体系是不一样的。梁启超也积极实践这种办报理念，其"健全舆论"说可以视为他的新闻理想，而"健全舆论"与政治环境是密不可分的，在君主专制的高压管控下，"健全舆论"无法产生，只有在立宪政治、民主政治的前提下，才有可能实现"健全舆论"。梁启超的"健全舆论"需要有五种本质——

---

① 邵志择著《近代中国报刊思想的起源与转折》，浙江大学出版社，2011，第143页。

"常识、真诚、直道、公心、节制。"[1] 报馆作为创造"健全舆论"的机构，该具备"忠告、向导、浸润、强聒、见大、主一、旁通、逮下"[2] 八德。这五品八德，与以往的任何一种办报理念都有区别，不为盈利不为传教，而是为了助国人知晓国事，助政府了解民情，通达政治，政民相容。

南京临时政府成立后，专制政权受到重创，诞生了宣称民主共和的新政权，再也无力压制舆论，而民主共和体制又为实践"健全舆论"提供了可能性。这让诸如梁启超一般的报人们有了更好的新闻实践环境，他们也开始重新审视办报的目的和意义，有了更为深刻的思索。报刊是一种神圣的存在，是可以发表意见的地方，这种说话的权利应该受到捍卫。"民国初年，办报纸不再像当初那么艰苦了，有了广告收入，有了名人的赞助，有了润笔费，不但宽敞明亮的办公室有了，新闻、记者、采编更是一大堆。有点名气和身份的报业人也开始在花天酒地中一边工作，一边享受生活了。但唯独没变动一点是，民国的报业人从头到尾都提倡媒体监督政府，而不是媒体被政府监督。"[3] 因此，在初立的政权下，报刊存在的意义甚至超过了它所刊载的内容。

二　政府与报界形成良性互动关系

南京临时政府时代，政府和媒体之间的关系发生了本质变化。南京临时政府存续的时间非常短暂，在这 100 天里，"报刊"这一事物的存在和发展得到了宪法性文件的保护，政府明确地认可民众"言论自由"权利，解决了一直以来清廷避而不答的问题。南京临时政府采纳欧美的新闻管理理念，试图与媒体建立积极友好的沟通对话关系，这不仅仅体现在政府主动公开政务、接受采访方面，在一些舆论热点事件的回应上，政府也尝试站出来，直面媒体的质疑与批评，接受媒体的意见。这是在清廷所不曾有过的景象。

---

[1] 《国风报叙例》，梁启超：《饮冰室合集》第 3 册，"文集之二十五（上）"，中华书局，1898，第 19~20 页。

[2] 《国风报叙例》，梁启超：《饮冰室合集》第 3 册，"文集之二十五（上）"，中华书局，1898，第 21~22 页。

[3] 岩峰著《民国初立》，万卷出版公司，2013，第 202 页。

（一）政府对于言论自由的态度有根本性转变

封建王权讲究的是"君权至上"，尚不存在"民权"一说，即便是朝堂议事，也要视君主而定，"伴君如伴虎"，在皇帝掌握生杀大权的社会制度下，言论自由是不存在的，"文字狱"便是力证。随着报刊在社会中影响力逐步增大，清廷警觉起来，开始采取各种管制措施，甚至引用《大清律例》来处置报人。除了短暂的言禁开放期间，其余时候报刊的发言权处处受制。随着报刊的影响越来越大，朝廷部分有识之士也逐渐正视报刊的作用，并试图将其转为己用。早期信息不畅，影响到清廷对于通商口岸情形的掌控，丁日昌在同治六年上奏指出：

> 通商码头设新闻纸馆，外由商人出名，而密派委员总司其事。夫西人设立新闻纸馆，上以议国家之得失，下以评草野之是非，可以知四方之物价，可以悉外国之情形，原为有益之举。今宜仿而行之，惟不准议朝廷得失，凡外国物价，外国情形，及中国人而被外国人欺凌者，或传教不公道者，皆可写入新闻纸，布告各国，咸使闻之，惕然知惧，必伤令彼国公使、领事，自行约束。其新闻纸格式，用汉、洋文各二分，庶可由近及远。①

1875年，新任上海道台冯焌光创办了《新报》，传达的是上海官方的声音，国人称之为"官场新报"，外国侨民则称之为"道台的嘴巴"，② 道台试图通过它建立自己的舆论场，对抗外报的新闻和言论。无论是丁日昌的建议还是冯焌光的《新报》，都不是政府直接出面创办经营报刊，而是通过私下援金管制的方式去实现对报刊的控制。《新报》只是清廷地方官的创举，

---

① 《附呈藩司丁日昌条说》，转引自中华书局编辑部编，李书源整理《筹办夷务始末》（同治朝）第六册，卷五十五，中华书局，2008，第2268页。
② 《三个办报的上海道》，转引自上海通社编《上海研究资料续集》，上海书店出版社，1992，第322页。

并非清廷之意，这些是士大夫阶层少部分人对于报刊的态度。就整体而言，清廷不知道如何利用报刊而只知道试图控制报刊，即使是控制，也不知从何下手，原因有二：第一，外国人所办的外文和中文报刊朝廷无权控制；第二，即使是国人自办的报刊，也因大多在租界或挂洋商牌子，如要控制还须经过外国人的同意，比较麻烦。可见，清廷统治集团对于报刊的认识也是有一个逐步发展的过程。及至甲午以后，受康、梁影响，光绪帝意识到朝廷需要一份官报，康有为意图将《时务报》改官报，但尚未成功便遭遇变法失败。但是从《时务报》改官报一事可以发现诸多端倪，其中最明显的就是，康有为的官报理念和举措不过是匡助清廷巩固统治的手段之一，与民主无关，与进步无关。在这种思想驱使下产生的官报，不是为了实现言论自由，而是为了控制言论带来的影响。后期清廷颁布一系列关于管理报馆的规定及法律条文，在律文里并没有禁止民间办报行为，而是允许其在一定范围内登记注册从事报业，实质上是一种默许。然而这种默许并不代表统治集团对新闻事业的认可，因为清廷一直没有一个根本法性质的国家规章制度对其予以说明，只是在管理层面进行了技术性规范，控制信息传播，而回避了"言论自由"这个大前提，直接去考虑该如何管理和利用报业。

"言论自由"并非民国才有，但在1912年前后，政府待其却有显著不同。在晚清时期，言论自由之风已然刮起，民间报人也逐渐开始议论朝政。体制外的知识分子从关注朝廷的动向、受朝廷影响，转变为关注朝廷动向、影响朝廷。此后朝廷大员乃至光绪帝变法思想及具体措施都受到维新知识分子著述的影响。但朝廷对此是持否定态度的，从一开始的强势压制，到听取康有为的建议，开始尝试利用报刊。从这期间的变化不难看出，晚清开言禁，允办报，根源不过在于化敌对势力为己用，进一步维护封建统治，这与尊重言论自由并无关系，也不是所谓社会发展、文明进步的体现。而南京临时政府以"民主共和"为精神纽带，建国立章，自晚清革命斗争起，这群革命志士便一直在推崇宣扬"言论自由"，这也是他们推翻清廷的目的之一。因此，南京临时政府领导的民国对"言论自由"必然是认可的，这是民国与清廷的本质区别，对报界的态度自然可见。南京临时政制定出台《中华民国临时约法》，以这份宪法性文件明确了"言论自由"的合法性，延用清末报律的合理部分作为管理方法，后又试图以《民国暂行报律》来规范报业市场。在南京临时政府的管理体系下，运用各级法律法规规制新闻行业，这是政府对其认可并予以管理保护的直观表现。

（二）政府与报业之间的互动关系得到显著突破

清廷对报刊的态度是有一个转变过程的，从忽略到敌视再到默许和利用，伴随着报业的发展和形势的转变而不断变化。晚清的几次自救行为中，都有报纸活跃的身影，维新开言禁，立宪定报律，报业的发展状态就是清末政治改革的晴雨表，它发挥着一种形式层面的作用，统治集团、士大夫、底层人士，均视其为指向性，报刊被认可，统治者便是明智的，被禁止，统治者便是愚昧的。清廷统治根基渐弱，不得不顾及民意，也只得默认。因此清廷与报界之间，互动并不多，关系也不复杂，主要是一种单向的行政管理关系，并且管理手段单一，集中在行政处罚和刑事处罚方面。彼时已有官报产生，但并不多见，所载之事也并无太多可阅之处。

早期，报刊对于清廷而言，是不值得过度关注的"疥癣之疾"。朝廷有令，闭关锁国，同样也不允许此类刊物在中国流传，清廷并未预见到报刊的生命力如此顽强，因此当时也没有认真考虑过对于报刊的管理和利用方法。直到甲午战败，面对国内舆论压力，为挽救统治危机，光绪帝开言禁，办报馆，期望借报刊广纳言，然而为时太短，在政府与报刊的关系模式上，并未有显著突破。随着国内救亡图存呼声的高涨，清廷越来越意识到言论对于统治的影响，慈禧太后再度封禁言论，试图压制报刊事业，以此来杜绝反对言论对于朝廷的负面影响，在这个过程中，政府与报刊之间依然是简单粗暴的"管制与被管制"的关系。在预备立宪的进程中，清廷颁布《大清报律》等相关报刊管理规定，侧面承认了报刊存在的合法性，并以注册登记、预审、罚金、闭馆等举措加以约束。此时，政府与报刊之间的关系略有改变，不妨界定为"管理与被管理"的性质。但是政媒之间，谈不上互动，也无所谓合作。政府管理层更是鲜有直面媒体谈论国计民生事务。在辛亥革命以前的《申报》内容中，很少有直接来源于政府的新闻，最大的政事信息来源是《京报全录》栏目，还有《谕旨恭录》等，偶尔会有转自地方电报的内容，"采访"字眼并未出现过。

南京临时政府与报界之间一直在寻求一种积极的互动交流。言禁既除，报业环境相对宽松，对政府的一举一动密切关注。南京临时政府自成立到结束，《申报》等报刊对当时的重要政治事件进行了丰富的报道，这与晚清时期是截然不同的状态。

南京临时政府正式发布《临时政府公报》，将政府每日重要施政方案、高层电文往来编入公报，通过政府渠道统一发售。政府公报并不是民国初创，但是民国时期的公报制度和晚清有着本质区别。《临时政府公报》自1912 年 1 月 29 日起出，日出一册，共 58 号，截至其解散，从未疏漏过，是政府信息公开的主要方式。公报以宣布法令、发表中央及各地政事为主旨，分为令示、电报、法则、纪事、译报、杂报等门类，基本涵盖了政府的日常工作内容。

> 各省官厅所有暂行条件、命令及职员之任免、迁转等项，均希随时抄送本局。其地方自治团体办理公共事业，如道路、卫生、医院、学校、救贫等项之经过及其成绩亦可随时抄送本局，登载公报，借觇地方之情况而彰民治之精神。[①]

由此可以看出，《临时政府公报》的发布，绝非效仿或沿用晚清京报、宫门钞、政治官报等形式，而是南京临时政府经过深思熟虑后做出的决定，其出发点是公布政事，尊重国民知情权，彰显民治精神。既是南京临时政府主动参与舆论宣传的表现，也是其对新闻事业所表达的亲和姿态，政府支持并参与推动新闻事业的发展。

---

① 刘萍、李学通主编《辛亥革命资料选编·第四卷》（下册），社会科学文献出版社，2012，第 719 页。

除发布《临时政府公报》外，其他民营报刊中也有踪迹可循。《申报》在这100天里重点记载了孙中山就任大总统、南北议和、南北军政状况、清帝退位、议开国会等事件。《申报》1912年1月1日刊登了一篇文章《记孙总统之谈话》（见图4-1），全文如下：

> 大陆报记者昨日往访孙大总统孙云余已允就中华民国临时总统之任日内即须赴宁履任办事惟届时所行履任之礼其礼节甚为简单记者问以国内须经若干时始能恢复秩序孙云僅须数月之久将来国会公决应用何种政体大致已可逆料而得届时满人惟有降伏之一法则商业立刻可以起色而以外人之商业尤为发达记者复问中国既易新朝外国商业究能增加若干孙云当不止百倍之数孙总统于未来改革之政策未肯多言但谓不日将有告示宣布并谓须俟内阁组织成立吾人始能举其政纲故此事目下未便讨论也记者复问以郝末里之为人孙云郝末里将军实为世界最优之军事家欧美各国政界均目之为陆军专家云。①

从本篇采访稿中可以看出，记者对孙中山进行了采访，孙中山就记者的几个问题做出答复。稿件以一问一答的形式予以呈现，并且将孙中山的回答进行原文誊录。这是一种最简易的访稿写作形式，由此可推测出记者与孙中山的访谈是直接面对面的。孙中山就临时大总统履任问题、国内秩序恢复、外国商业在国内发展和郝末里为人等问题进行了答复。这些问题关系到中华民国南京临时政府的政治、经济、军事三方面问题，除了政府的改革举措外，孙中山坦诚表达了对国内形势的判断。整个访谈风格简单直接，并无故作隐藏或避重就轻的现象。如前所述，孙中山接受《大陆报》记者采访，就伍廷芳派任法部总长一事做出解释。本次受访的问题关系到政府官员的任用，记者提出质疑，而孙中山作为政府首脑给予了详细的回应，可见彼时报刊舆论的议政行为在政府看来，实属平常，并且应该

---

① 《记孙总统之谈话》，《申报》1912年1月1日。

图 4-1　《记孙总统之谈话》（1 月 1 日）

对这份关注予以正面回应。孙中山在就任临时大总统期间，至少接受 4 次记者采访，既有中国报刊也有外国刊物（见图 4-2）。

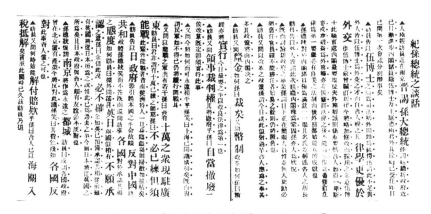

图 4-2　《记孙总统之谈话》（1 月 8 日）①

---

① 《记孙总统之谈话》，《申报》1912 年 1 月 8 日。

在中国，政府首脑直接接受报刊采访尚属首次，是一种新型的政媒关系模式。在宽松的政治环境下，报业获得极大的发展空间，不仅数量激增，更重要的是，报界甚至南京临时政府本身都认为报刊有自由论证的权利。自辛亥革命以来，报刊更加热衷于关注国计民生，民国成立后，更是不吝版面论谈国事，终于不用再忌惮政府专制打压。这种宽松的新闻政策环境造就了民国初年的舆论监督风气。一时间，社会氛围变得自由活跃，一贯冷漠的国人开始感受到了辛亥革命的延续效应，一场不同于刀枪战事的笔头革命，一种更能深入人心的彻底变革。随着报刊对国家发展影响力的增强，报人也不再是"三教九流"中的末流人士了，反而是自由、斗争、监督的象征。"民国初年的报业发展对于催生民主还是做出了巨大贡献，很多人都是通过报纸才开始关注民生、关注社会、关注政治与现实的，继而为争取民主自觉行动起来。"[1]

三 新闻事业发展迎来"黄金时代"

由于南京临时政府对于新闻事业的支持态度，民国初年中国新闻事业经历了一个短暂的"繁盛"时期。老牌报刊抓住这个机遇，扩大生产，丰富内容。同时，涌现了一批新报刊。

（一）新闻媒介数量急剧增长

鉴于政府对报业的开放态度，大量有识之士终于可以毫无顾忌地创办报纸甚至以报论政。民初沿用了《大清报律》中的具体管理细则，摒弃了部分体现专制思想的条文，对于报人来说，基本不需要考虑能不能办报的问题，只需要考虑需不需要或者如何办报的问题。新政府初立，共和既始，国人正是热情高涨之时，一时间涌现出大量的报刊。主要有《大共和日报》《民权报》《民声日报》《太平洋报》等。"北京是当时的政治文化中心，新创办的报纸最多，有50多家，以下依次是上海40家，天津35

---

① 岩峰著《民国初立》，万卷出版公司，2013，第205页。

家，广州 30 家，浙江 20 多家，四川 20 多家，湖南 11 家，武汉 9 家。"① 据统计，中华民国元年，全国报纸陡增至 500 家，总销数达 4200 万份②，创历史最高纪录。这些报纸大部分是以刊载时事性政治材料为主的日刊报纸。"自由新闻体制的确立，极大地推动了中国新闻事业的发展。顷刻之间，新涌现的报刊如雨后春笋，迎风怒长。有人把武昌起义后的半年称为'中国报界的黄金时代'，据戈公振先生《中国报学史》记载，民国元年，全国报刊由 100 多家陡增至 500 多家，总销数达 4200 万份，均超过了过去的历史最高纪录。"民国初年记者徐彬彬曾说："辛亥革命，大振民权，有冠皇帝大限告终，无冠皇帝纷然并起，报社如林，报章如雨，高谈雄辩，扬厉铺张，当道虚席，社会侧目，炙手熏天，此为一盛。"③ 仅民国元年一年，全国报刊增长了近 4 倍之多，尽管临时政府并未持续这么久，但是对民初的报业发展依旧有重要影响。

（二）报人地位得以提升

报人地位得以提升是随着报纸社会影响力的增大而出现的。中国自古有"三教九流"之说，报人作为封建社会晚期出现的新兴职业，并不明显属于其中任何一种。报馆创办人最多只能纳入"客流"，即一般商客，至于报馆主笔、访员这些，甚至不入流。"三教九流"，分为"儒、释、道"三教，上、中、下各九流，其中中九流中有"一流举子二流医，三流风鉴四流批，五流丹青六流工，七僧八道九琴棋"，有功名的举子不过是中九流的一分子，而彼时大多报人是科考失意、博不到功名的落魄读书人。在当时，报刊从业者尤其是以写报文为生的人群，给世人的印象便是不入流的文人，和金榜题名、衣锦还乡的状元进士有着本质的区别。"报纸刚入中国时，人们普遍将其视为朝报的变相，认为发行报纸无非就是'卖朝

报'而已。而'卖朝报'在上海人的印象中是'塘驿杂役之专业',身份低微,扮相特殊,'售时必以锣随行,其举动颇猥鄙'。他们手里这些石印张不仅卖相粗糙,内容也多是'老婆婆下嫁少夫','老和尚迎娶娇妻'之类的市井传闻与闲话,'所传消息亦不尽可信,故社会轻之'。清末曾有人专门为'卖朝报的'撰写了竹枝词:'手捏新闻纸几方,高声信口作雌黄。雄鸡生蛋猫生鼠,赚得人来买一张。'语气中尽是嘲讽之意,显然这个职业以及所贩卖的朝报,都被视为难登大雅之堂。"① 阅报也被视为不学无术,为世人所鄙夷。

不仅是普通民众,甚至报人自身,也并不认可报人的存在价值。"据上海名人姚公鹤回忆,他的同乡沈仁佺,光绪初年就在上海某报担任主笔,之后辗转蝉联,直到光绪末年才辞去,可以算是沪上老资格的报人了。但二十多年间,每当对人说起自己的职业,他都是'嗫嚅不敢出口也',原因便是'昔日之报馆主笔,不仅社会上认为不名誉,即该主笔亦不敢以此自鸣于世'。"② 报人不敢"自鸣于世"竟至如此田地,在等级森严的专制社会中,可见报人的地位。《申报》主笔蒋芷湘在担任主笔期间,依旧执着于科考,直到考取功名,随后便立刻放弃主笔的职务,投入仕途。晚清时期,随着民族危机的加深,报刊以救亡图存的呼号者占据大众视线,引起广泛的舆论共鸣。以《变法通议》为代表的《时务报》政论一时风行海内,朝野上下风气陡然为之一转。梁启超后来回忆的一段话最能说明当时的情形:"甲午挫后,《时务报》起,一时风靡海内,数月之间,行销万余份,为中国有报以来所未有,举国趋之,如饮矿泉。"③ 报刊在民众心中的形象有了很大的转变,报人的地位也随之而稍有提升,但是本质上并没有太大的改变。著名报人王韬也是因为落榜,为维持生计,不得已才走上译报之路,且一直不忘劝导家人继续参与科考,即便是一个

---

① 颜浩著《民国元年:历史与文学中的日常生活》,陕西人民出版社,2012,第88~89页。
② 颜浩著《民国元年:历史与文学中的日常生活》,陕西人民出版社,2012,第88页。
③ 《清议报——百册祝辞并论报馆之责任及本馆之经历》,转引自梁启超《饮冰室合集》"文集之六",中华书局,1989,第52页。

有着如此成就的报人，依旧摆脱不了封建思想束缚，顽固地认为办报写文章是权宜无奈之举，并非长久之计。"晚清名将左宗棠曾痛骂'江浙无赖文人，以报馆为末路'，虽是私下里的气急之语，但也道出了大众眼中的实情。"①

这种状况到民国初年有了质的转变。南京临时政府不仅认可报刊的存在价值，更是亲身参与到新闻实践中。政府首脑亲自接受记者访问，政府编印公报发售，公开政务信息。这些举措不仅刺激了报业的发展，更是改变了报刊报人在民众心中的意义。在传播手段匮乏的年代，报刊顺利代替邸报成为政府信息发布的最主要渠道，报人也变成了离政府最近的社会民众，这在封建思想根深蒂固的中国人心中，已经不同寻常。另外，近代报刊不同于过去的邸报机械地复载信息，没有思想也没有立场可言。报刊是西方先进思想的代言人，是挽救民族危机的志士，这些都给了中国民众另一个强有力的信号：报刊是进步象征，报人是社会的先进群体。在民族危机深重的中国，这样的群体不能不引起民众关注。因此无论是从实质上还是形式上，报人的地位都今非昔比。"报刊的急剧增多，反映了人们对新闻的渴求，这是社会大变动时期独特的现象。一条新闻牵动着千万人的心，足见社会动荡之际就是新闻传播活跃之时。同时，报刊的大量涌现和人们对新闻的迫切需求，更加深刻地改变了记者的社会地位……报馆和报人的社会地位大为提高，报界言论飞扬锋利，报界团体活动频繁。其中，中国报界俱进会在1912年6月的上海特别大会上，还讨论了参加国际新闻协会，不承认有报律，自办造纸厂、新闻学校、通讯社、广告社，设立记者俱乐部等问题。和清末比较起来，民国初年的整个新闻界确实呈现出一派欣欣向荣的景象。"② 这种现象在上海等沿海地区尤甚。租界是专制王权的天窗，有着不同的政治环境和文化氛围，是进步人士的集聚地。志同道合者一旦汇聚，有了社会影响力，便会

① 颜浩著《民国元年：历史与文学中的日常生活》，陕西人民出版社，2012，第90页。
② 袁新洁著《近现代报刊"文人论证传统研究"》，江西人民出版社，2009，第127～128页。

自发形成引力，吸引更多的人投入进来，这都有利于报人自身的身份认同发生改变。

（三）报业开始商业化运作

晚清时期，迫于清廷压制，办报事业屡受挫折，报纸的发展也比较缓慢，一直不能形成行业发展规模。南京临时政府成立后，南方沿海地区摆脱了政治束缚，加之本来经济基础相对较好，民族资本主义得到发展，在此背景下，这些地区的报纸经营状况有所改善，并逐步褪去原有的经营方法，形成企业化的经营模式，即按照商品生产和流通的规律来经营报纸，并使其达到一定的规模，成为有相当资本的现代化的企业。在这种模式下，报纸只是一种商品，报社通过经营，形成独立的经济来源，为步入职业化发展模式积累资本。

随着时局的变化，国人对政治状况日益关注，报刊对政治新闻越来越重视，报刊的版面和内容也发生了一些变化。北京是全国政治风云多变的地方，南方的报纸为了及时报道北京的变化，只能以通讯的形式，因此彼时报刊增添了大量的通讯稿，广告内容也大幅增加。"（《申报》）1910年以前，广告占版面的十分之五六，1910年以后扩充到十分之六七。由于每日出版的报纸由三张半增至四张半、五张（节假日达六七张），广告刊载的实际条数增加得还要多。"[①] 民国成立后，广告数量只增不减。广告是报刊的主要经济收入，报刊想要独立经营，保持一定的收入来源，扩大广告版面是重要途径。"民国初年，办报纸不再像当初那么艰苦了，有了广告收入，有了名人的赞助，有了润笔费，不但宽敞明亮的办公室有了，新闻、记者、采编更是一大堆。有点名气和身份的报业人也开始在花天酒地中一边工作，一边享受生活了。但唯独没变动一点是，民国的报业人从头到尾都提倡媒体监督政府，而不是媒体被政府监督。这种自由的风气，从

---

① 陈玉申编著《中国新闻史研究导引》，南京大学出版社，2015，第154~155页。

清朝末年一直被完整地承袭下来。"①

辛亥革命极大地动摇了清廷的统治根基，为民族资产阶级的发展赢得了空间。新政体及新政府对于新闻事业的态度是认可及鼓励的，报纸的发展环境也得以改善。报纸不是民国初有的，但报业可以说是自民国始。

（四）新闻行业分工逐渐明确

报刊的采编模式有了新的分工。清末报纸采集新闻，主要是依靠散养在各处的访员，这些访员没有受过专门的职业训练，甚至没有接受过文化教育，他们收集的信息多为零碎的表象，以奇闻异事吸引读者。晚清时期没有固定的采编模式，往往主笔一人兼顾财务、采写、发行等多个环节。随着读者的增加，报纸的影响力与日俱增，发行量也随之上升，同时报纸报道的新闻范围扩大、层次加深，依靠主笔一人已经不能实现运转，工种分化便开始显现。南京临时政府成立并不是新闻行业分工形成的一个标志性界限，但是南京临时政府的新闻实践为当时的新闻事业发展提供了宽松的政治环境，民族资产阶级的短暂发展也为整个报业的行业发展提供了相当一部分资金来源，这两个原因直接促使中国报业进入"发展黄金期"，这个"黄金期"不仅使报纸数量增加，更是形成了一种商业竞争淘汰氛围。自由的发展环境对于报纸的发行数量和质量都有很高的要求，只有受欢迎的报纸才能获得更多的资源，得到更好的发展。在这轮"黄金期"中，脱颖而出的诸多报纸在报业中确立了一席之地，同时也吸引了更多人参与到新闻事业中来。资源丰富，人力充沛，这些都对新闻行业内部的质变发展有着重要的促进作用。

行业分工的确立需要一定的演变过程，到北洋政府时期，民国报业的运营已经有一套成熟的机制，可以推测这个演变过程就发生在晚清到民国初期。"进入民国之后，上海商业性大报致力于新闻网的设置，不断扩充

---

① 岩峰著《民国初立》，万卷出版公司，2013，第 202 页。

新闻来源。北京是全国的政治中心，也是最重要的新闻发源地，各报都聘请最优秀的人才担任驻京特别访员，如黄远生、邵飘萍、张季鸾、徐凌霄等，都是新闻界第一流的人才，这些特别访员为上海报纸拍发专电、邮寄通讯，完全以采访为职业，专力于新闻的搜求与探访，比一般访员具有更高的专业水准。"① 生产力决定生产关系，生产关系的改进也必然是生产力推动的结果。因此行业分工的出现必然是伴随着行业发展的，行业分工形成后，就意味着这个行业中的任何一个环节，都可以作为一个独立的谋生手段，是一个独立的工作岗位，行业运转中，每个岗位上的人，只需要完成好本环节的任务，整个行业就可以正常发展，甚至效率更高。在这种分工合作的情况下，报纸能够采集到更多的新闻，写出更有深度的政论，发行更多数量，满足更多受众，从而推动了报纸的发展。新型的生产关系被认可，甚至被利用到极致，这也是一个逐步向职业化演变的进程。南京临时政府对当时新闻事业的发展有着重要的作用，无疑也是促进中国新闻事业迈入职业化进程的重要原因之一。

（五）行业团体意识日渐增强

从近代中国萌生新闻事业起，报业团体算得上新闻行业最初的行业团体。1906 年，天津报馆俱乐部成立，随后上海日报公会成立，到 1910 年中国报界俱进会成立。这些报界团体为报业发展多方活动，"上海日报公会曾积极维护报界公益，促进内部联络，与政、商、学界建立起普遍联系，成为晚清一股独立的趋新势力，扮演着重要的社会角色。在频繁的活动中，上海报界群体意识的自觉得以展示。"②

"武昌起义前夕，中国人自办的通讯社主要有三家：1904 年创办的中兴通讯社、1908 年创办的远东通讯社、1911 年创办的展民通讯社。民国成立后，由新闻法制的创建引发的办报热潮，促进了通讯事业的发展。在民

---

① 陈玉申编著《中国新闻史研究导引》，南京大学出版社，2015，第 133 页。
② 赵建国著《清末民初的上海日报公会》，《探求》2006 年第 4 期。

国成立初的两年时间里，全国出现了公民通讯社、民国第一通讯社、上海通讯社、湖北通讯社、湖南通讯北京通讯社等多家地方性的通讯社。"① 通讯社的成批出现，是民国初期新闻事业得到蓬勃发展的又一表现。从业人员地位大为提高。同时除原有的报界团体外，在边远偏僻的西南地区，报人也相继建立起自己的团体组织，如贵州报界同盟会和四川报界公会。这些报界团体团结一致，或多或少为民国初期报纸的创立发行、报人的工作待遇提供了良好的环境和相对有力的保障，促进了新闻事业的进一步发展。

这种觉醒最为鲜明的事例便是民国元年上海日报公会的名誉风波案。民初关于都城选择问题曾有过"南北"之争。北京兵变发生后，上海日报公会公开发表《报界请定都北京》的电文："亟就北京组织完全政府，建定国都，以期南北统一，列邦早日承认。"②（见图4-3）这无疑是在舆论上给了临时政府很大的压力。随后，南京同盟会总部指责上海部分报馆接受袁世凯贿买，3月6日天津《民意报》报道："袁使唐绍仪贿赂上海报馆，各以四千元塞其口，惟《天铎报》不受"，3月9日广东《七十二行商报》据"南京同盟会广东分会专电"，"沪上各报、各政界人物多被买收"，引起上海日报公会的强烈反击，其直接致电孙中山，要求查明事实的同时，指责临时政府污蔑报馆名誉："公为会长，负有责任，请明白宣布，各报愿受重罚。否则贵会任意诬捏，报馆损失名誉，作何办法？"③ 孙中山在查明事实后，也对此说法予以否认，"本部并未发过此项电文，在宁本部亦无各省分会之组织，该报所载实与本会无涉。"④ 这是报界团体与政府的一次正面较量，并且最终伸张了正义，维护了报人和报馆的名誉，维护了报界形象。尽管报界团体的活动并非始于民国，但是新生政权给了行业团体活动和发展的空间，鼓励和推进了这种行业团体意识的继续发展和提升。

---

① 穆中杰著《继受与转型：民国初年的新闻法制》，《新闻爱好者》2011年第4期。
② 《报界请定都北京之公电》，《申报》1912年3月6日。
③ 《上海各报馆被诬之交涉》，《申报》1912年3月18日。
④ 《同盟会长孙中山君覆上海报界电》，《申报》1912年3月21日。

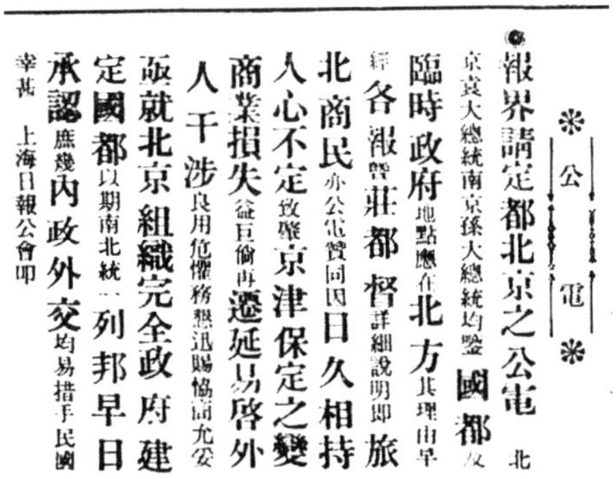
※公電※

報界請定都北京之公電

北京袁大總統南京孫大總統均鑒國都及臨時政府地點應在北方其理由早經各報暨莊都督詳細說明即旅北商民亦公電贊同因日久相持人心不定致釀京津保定之變商業損失益巨倘再遷延易啓外人干涉良用危懼務懇迅賜協商允妥亟就北京組織完全政府建定國都以期南北統一列邦早日承認庶幾內政外交均易措手民國幸甚 上海日報公會叩

图 4-3 《报界请定都北京》

四 萌生近代新闻教育和新闻专业主义思想

从晚清到民初，报刊的发展是中国社会发展的缩影。无论是早期的传教士，还是后来的有识之士、革命志士们，他们的关注点一直在报刊的作用和影响方面，他们争论的焦点也是如何更好地利用报刊去达成自己的政治目的，他们的报刊实践都围绕着发挥报刊政治功能而展开，报刊是一种工具性意义的存在。但是随着报业的发展，国人针对报纸、新闻的学理研究起步。这是一种行业发展高度的标志，人们从关注报刊的功能，转而开始探索报刊发展的规律，进而去预判该行业的发展前景，寻求更好的发展模式。一个行业如果没有一定的基础和潜力，学理性研究是很难起步的，首先没有足够的实践支撑，其次没有足够的经济动力去开展类似研究。因为这种学理性研究对于行业发展的促进是长远的，没有立竿见影的效果，在动荡的中国社会，很难吸引足够的人力和资源投入这个过程中。但是南京临时政府成立之后，在中国，这种学理研究开始有所发展。

随着南京临时政府对言论的开放态度以及对报业发展的支持举措，新闻事业蓬勃发展，报业的结社与群体活动步入黄金时代，群体自觉与职业认同不断得以提升。1912 年 6 月 9 日《申报》中记载了《报界俱进会第三日大会记事》，其中上海特别大会讨论通过了“设立新闻学校案”，主张“由中华民国报界俱进会设立一所新闻学校，培养专门人才”，源于“民元报业'日来发达异常'，对从业人员的需求剧增，而中国向来没有专门的新闻教育，以致'新闻无学'，从业人员素养有限，无法满足报业进一步发展的需要；二是在报业发展过程中，报人已经认识到中国报业与欧美报业之间存在着的巨大差距，这种差距在一定程度上源于欧美国家有着较为完善的新闻教育"。正是由于行业的迅速发展，业内人士才认识到职业思维和专业技能对于行业进一步发展的重要性。"设立新闻学校案""'为我国知有报业教育之始'，代表了中国近代新闻教育和新闻专业主义思想的萌生，国人开始认识到新闻有学，办报有学。"① 尽管只是一个理念的提出，与真正的新闻学专著出版还有很长一段距离，但这无疑是我国新闻事业发展的重要转折点，这鼓励并引导一批学者去从事专业研究。在专制政权存续的封建文化体系中，发展新闻学这种近代学科是不敢想象的，弘扬新闻学科所蕴含的自由民主精神更是不现实。但是南京临时政府对于新闻事业的积极态度，极大地鼓励了这个行业的发展，推动了新闻从业者的职业化进程，新闻专业人才的缺乏与新闻事业迅速发展的矛盾日益凸显，从而推动了新闻学科的发展与研究。

五　催生"党报"现象

政党是指以执政为目标，具有明确政治主张，为夺取、影响和巩固政权而开展活动的政治组织。章士钊在《何谓政党》一文中写道："政党者，有一定之党纲，党员占议席于国会，日伺现政府之隙而攻之，且谋倒之，取而代之，以实行其党纲也。"② "且谋倒之，取而代之"无疑是"谋逆"大罪。清廷是中国封建专制社会的尾声，长达两千多年的封建体制中，向来是君权至上，唯我独尊，君主掌握一切生杀大权，"顺我者昌，逆我者亡"。君主与国家是一体的，任何对君上不利的行为都被认为是"谋逆"的，尽管中国经历了数次改朝换代，但这些"十恶不赦"的罪

---

① 赵建国著《分解与重构：清季民初的报界团体》，生活·读书·新知三联书店，2008，第151页。

② 秋桐著《中国应即组织之政党其性质当如何》，《帝国日报》1911年3月12日。

行一直是历朝历代律文中罪不容诛的一类，一切挑衅皇权的行为都被归入此类。

民国之前，中国有党争，有政治团体。党争是皇权下的相权之争，封建社会的党争，一群人以乡情或师生关系为纽带，缔造利益共同体，带着政治目的，争夺相权。这种争权夺利，不是为了国家社稷，民生福祉，更多是为了私人利益，正是所谓的"结党营私"。这个利益共同体，甚至连会党都算不上，只是一层层盘综错杂的隐形关系网。他们共同的政治理念便是夺权，任何一个想加入的人，必须找到和他们一样的利益点，而不是考量彼此的政治追求是否一致。政治团体则是由一群有着共同政治追求的人聚集而成，并且试图将这些共同政治理念予以表达和实行，但这也不是政党，他们不能直接以政治团体的名义参与国家事务。晚清时期的维新派、立宪派甚至革命派都只能算作政治团体，维新派寄希望于封建君主，希望通过君权来实现政治理想，这与过去的相权之争并无实质性差别，只是诉求有所不同。立宪派更进一步，意图改变专制体制，实行民主政治，尽管如此，仍不是严格意义上的现代政党，康、梁自戊戌时期至立宪团体纷起之前所称的"党"还是中国传统的那种意思，即志同道合的党社（当时多称为"会"，如强学会等），并不具有现代政党的完整特征。革命派为了实现民主共和，坚决反对专制政体和君权统治。此类政治团体有自己的组织纲领和政治理想，但他们要推翻的是专制体制，企图重新建立新的社会管理秩序，其存在本不为清廷所认可和接纳，可以说是非法组织，在上层建筑中也没有话语权，其与统治集团的关系并非施政纲领层面的不同，是阶级敌对的状态，二者并不能在同一种政体下并存和运行，并非章士钊所言"凡一政策，必有正负两面……一党守其正，一党守其负"。① 因而，在君主专制的语境下尚不能称之为政党。

随着对西方政治制度了解的加深，进步人士愈发推崇政党政治。政党政治被视为政治文明进步的表现，是国利民福的体现。"随着立宪思想的

---

① 秋桐：《何谓政党》，《帝国日报》1911 年 5 月 30 日。

深入，新型知识分子认识到西方现代政治的一大特点即是政党政治。《清议报》第87册论说《政党论》（未署名）指出：'欧西各国政治，皆操之于政党。政党者，聚全国爱国之士，以参与一国之政；聚全国舌辩之士，以论一国之政者'；并以西方政党理论告诫中国立党者要注意几个原则，'一宜知立党之意，为一国非为一人；二宜知一党之成，为长久非为一时；三宜知入党之人，贵抉择不贵滥取'；并且指出一党必有一党之政治法律，这才是闻名世界的政党。"① "故惟在政党政治之下，国民始有机会得全出其意见，尽情讨论，以求最后之胜利，此代表政治之精神也。"②

及至民国初立，南京临时政府以民主共和立国，采西方现代政治体制，虽有总统统领政府事务，但总统和政府均受《中华民国临时约法》约束。新政权宣扬民主，建立内阁，为彼时国内各政治团体合理合法参政议事提供了可能性，也为中国产生现代政党提供了政治基础。民初政党发展迅速，"据统计，仅在1911年至1913年之间，全国各地号称党与会的新组织，将近700个，其中具有健全政纲或在某一方面有具体政纲的政党，为数三十余。"③

民国成立后，政权结构的变化导致了社会结构的变化。这不再是简简单单的改朝换代，而是对上层建筑的结构性改造，这对社会的冲击力绝非换一国姓可比。君权的落幕为民权的兴起提供了最大支持，社会万象包括新闻舆论的状态也发生了极大的变化。这个变化并非浅显的易于发现的具体变化，而是观念中潜移默化的变化，到此时达到了质变。无论是政媒关系还是报人地位都是如此。民国成立前，各家报纸也是各有目的，甚至产生了报界"保皇"和"革命"大论战，但严格意义上来说，都算不得"党报"。"党报"是政党的喉舌，彼时的报纸代表各政治团体的立场，可以称之为"机关报"，但是在专制体制的语境下，他们表达所谓的"政见"是违法行为。清末的各家之言，多是剑指清廷腐朽落后，意欲推翻专制统

①　邵志择著《近代中国报刊思想的起源与转折》，浙江大学出版社，2011，第211页。
②　章士钊著《何谓政党》，转引自《章士钊全集》（第1卷），文汇出版社，2000，第540页。
③　孙健著《报刊客观性——一种崇高的理想》，上海社会科学院出版社，2014，第40页。

治，建立民主政体，这些政治团体与清廷之间，要么依附，要么敌对，他们有"议政"的能力，却没有"参政"的资格。在这种情况下，这种"议政"被视为文人论政，一种符合儒家传统士大夫实现自身价值的"匹夫有责"行为，并不是现代意义上政党的参政议政行为，表达的是个人的价值观而非集体的价值观，依旧是一种"人治"思维，而非"制度"思维。

从南京临时政府的机构设置和人员选任中不难看出，同盟会成为最大的执政团体，少数立宪派人士和非同盟会成员亦进入政府担任职务，这是一个以共同政治理念为纽带建立的政权，而非某个人或某一个党派的政治要求体现。在此语境下，"政党""党报"都是合理存在的。

> 盖记者尝读英儒白芝浩之书矣，知英伦政治之精髓，全在付反对者以批评之全能，政府之政纲一出，议会内旋起绝大之论潮……议会论潮之高，世未有如英伦者也。而此种论潮惟政党政治有以奖进之。[①]

革命派元老章炳麟在武昌起义后提出"革命军起，革命党消"，脱离同盟会，与立宪派、旧官僚组建了中华民国联合会，后来又与张謇组成统一党，并创立《大共和日报》，表达其与孙中山等人不同之政见。同时，同盟会内部也出现政见分歧的情况，以至后来宋教仁另行成立国民党，便是为了以合法的政党身份去争取执政权。其他一些小的政党也纷纷成立，均以参政为目标。南京临时政府的成立为中国政党政治的实现提供了基础和前提。经历过晚清的办报潮，各党各派都知道"发声"的重要性，纷纷创立报纸来声明立场，寻求支持，这也进一步催生了"党报"现象。

第二节　南京临时政府新闻管理体制的局限

内外交困之下，要维持政府的运行已是十分艰辛，南京临时政府举

---

① 丁仕原编校《章士钊辑》，民主与建设出版社，2014，第 189 页。

步维艰，鲜有时间和精力去推陈出新，开拓进取。在新闻事业管理方面，南京临时政府宣布废除清廷《大清报律》，颁布《中华民国临时约法》，从源头放开了舆论限制，给新闻出版事业法律上的保障，进一步推动新闻事业的发展。高压管控的突然消失，使得各地各界言论呈井喷状爆发。然而，民族资产阶级的局限性使得南京临时政府处处受制于西方列强，民初新闻事业的发展很难摆脱列强阴影，饱受欺凌。南京临时政府组成人员乃至革命党人自身成分十分复杂，导致其无法政令统一，政府不能做出强有力的管控措施，不能有效节制言论，也不能适当引导舆论，甚至反受其掣肘，其权威力和公信力被削弱，无法引领新闻事业的健康发展。法律法规的不健全、现有法律的执行不当，都使南京临时政府在舆论管控方面相对被动，新闻管理理念得不到贯彻。这些都严重影响了南京临时政府新闻事业管理的实际效果，也在某种程度上对新闻事业发展产生负面影响。

一　新闻管理权限模糊

"武昌起义后，清廷偏安北隅，号令不行，以前颁布的报律已废弛无形，南方独立各省忙于洗荡旧污，对言论出版无力禁忌，限制办报和束缚报人手脚的禁令完全解除。起义后的各地政府和南京临时政府所颁发的法令都明令'人民有言论、著作、刊行及集会结社的自由''巡警署不许干涉报馆议论'，各地革命党人与报界保持着良好的关系。"① 然而，民国初年报界对于政界直言讽谏，昌言无忌，时常也会突破政界所能容忍的极限，难免招来政府的警觉和非难，引发多次纠纷，从而激化矛盾，报界与政府之间的离心力日渐明显。尤其"暂行报律"风波之后，南京临时政府及各地革命党人与报界关系持续恶化，为各界舆论支持的丧失埋下伏笔。

清末革命思想宣传的兴起之势引起统治者的警觉，清廷开始加大对新

---

①　朱英主编《辛亥革命与近代中国社会变迁》，华中师范大学出版社，2011，第308页。

闻的监管力度，但未能形成体系。"在那时，对新闻的管制，既无专门的
法律和一定的政策，又无系统的案例可循，一般禁令都是由朝臣就耳目所
及奏请皇帝，下令实施。其主要内容，不外管制发行、禁止泄密、防护军
机和事前审查与禁载戏衰文字等项。"① 在政府机构设置方面，清政府关于
新闻监管的职能，分布在一些部门中，如印刷总局，"京师特设一印刷总
局，隶商部、巡警部、学部。所有关涉一切印刷及新闻记载，均须在本局
注册"。② 清廷为实现立宪改革，打破隋唐沿袭下来的传统六部建制，陆续
设立外务部、商部、巡警部和学部，其中商部设于1903年，巡警部和学部
设于1905年，巡警部后更为民政部。印刷总局隶商部、巡警部、学部，三
部虽各司其职，在此方面虽有交集，但具体的划分又不清晰，因此实质上
对新闻的监管仍旧职能归属不清。

南京临时政府在这点上并没有实质性改变，除了涉及国体政体军事管
理之外，部分社会管理职能主要依靠延用清廷旧制来实现，这也是能够最
快恢复社会秩序的办法，就是继续使国民生活在他们熟悉的环境里。南京
临时政府人事组织纷繁复杂，其由革命派、立宪派、旧官僚三种势力联合
组成（见图4-4）。

武昌首义后各省相继响应，宣布独立，发动者以同盟会各派人员
为主导，立宪派人士及少数仕清军政官员、地方绅士为中坚。临时政
府人事安排，实亦反映此一政治情势。如大总统孙中山先生为同盟会
员，副总统黎元洪为脱清军官，总统府秘书长胡汉民，陆军部长黄
兴、外交部长王宠惠、教育部长蔡元培，及汤芗铭之外的诸次长为同
盟会员，黄中瑛原为满清海军军官，程德全、汤寿潜、伍廷芳、张
謇、陈锦涛则为旧官绅与立宪派人士。③

① 张宗厚：《清末新闻法制的初步研究》，《新闻研究资料》1987年第3期。
② 《大清印刷物专律》，转引自怀效锋主编《清末法制变革史料》，中国政法大学出版社，2010，第332页。
③ 《中华民国建国史》第一篇：革命开国（二），1985年版，第九二一~九二二页。

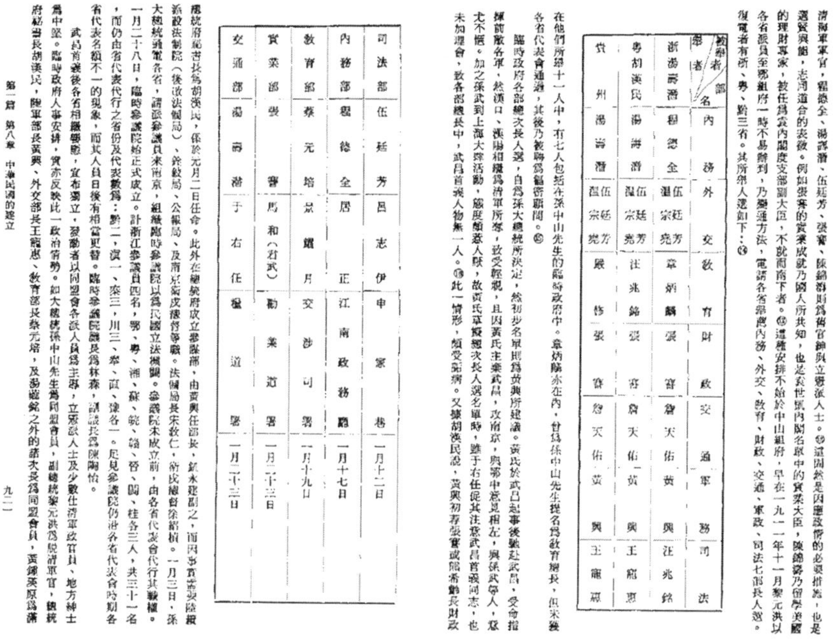

司法部	伍廷芳	呂志伊	申家巷	一月十二日
內務部	程德全	居正	江南政務廳	一月十七日
教育部	蔡元培	景耀月	交涉司署	一月十九日
實業部	張謇	馬和（君武）	勸業道署	一月二十三日
交通部	湯壽潛	于右任	鹽道署	一月二十三日

總統府秘書長爲胡漢民，係於元月二日任命。此外在總統府成立參謀部，由黃興任部長，鈕永建副之，而因事實需要陸續添設法制院（後改法制局）、銓敍局、公報局、及南京衛戍總督等職。法制局長宋教仁，衛戍總督徐紹楨。一月三日，孫大總統通電各省，請派參議員來南京，組織臨時參議院以爲民國立法機關。參議院未成立前，由各省代表會代行其職權。一月二十八日，臨時參議院始正式成立。計浙江參議員四名，鄂、粵、湘、蘇、皖、贛、晉、閩、桂各三人，共三十一名，而仍由省代表代行之省份及代表數爲：黔二，滇一，秦三，川三，奉、直、豫各一。足見參議院仍沿各省代表會時期各省代表名額不一的現象，而其人員日後有相當更替。臨時參議院議長爲林森，副議長爲陳陶怡。

武昌首義後各省相繼響應，宣布獨立，發動者以同盟會各派人員爲主導，立憲派人士及少數仕清軍政官員、地方紳士爲中堅。臨時政府人事安排，實亦反映此一政治情勢。如大總統孫中山先生爲同盟會員，副總統黎元洪爲脫清軍官，總統府秘書長胡漢民，陸軍部長黃興、外交部長王寵惠、教育部長蔡元培，及湯薌銘之外的諸次長爲同盟會員，黃鍾瑛原爲滿

第一篇　第八章　中華民國的建立　　九二一

中華民國建國史　　九二二

清御軍軍官，程德全、湯壽潛、伍廷芳、張謇、陳錦濤則爲舊官紳與立憲派人士。⑪這固然是因應政情的必要措施，也是選賢與能，志同道合的表徵。例如張謇的實業成就乃國人所共知，也是袁世凱內閣名單中的實業大臣，陳錦濤乃留學美國的理財專家，被任爲袁內閣度支部副大臣，不就而南下者。⑫這種安排不始於中山組府，早在一九一一年十一月黎元洪以各省派員至鄂組府一時不易辦到，乃變通方法，電請各省舉薦內務、外交、教育、財政、交通、軍務、司法七部長人選。其所得人選如下：⑬

被舉者＼部名／舉者	內務	外交	教育	財政	交通	軍務	司法
浙　湯壽潛	程德全	伍廷芳　溫宗堯	章炳麟	張謇	詹天佑	黃興	汪兆銘
粵　胡漢民	湯壽潛	伍廷芳　溫宗堯	汪兆銘	張謇	詹天佑	黃興	王寵惠
貴州	湯壽潛	伍廷芳　溫宗堯	嚴修	張謇	詹天佑	黃興	王寵惠

在他們所舉十一人中，有七人包括在孫中山先生的臨時政府中。章炳麟亦在內，曾爲孫中山先生提名爲教育總長，但未獲各省代表會通過，其後乃被聘爲樞密顧問。⑭

臨時政府各部總次長人選，自爲孫大總統所決定，然初步名單則爲黃興所建議。黃氏於武昌起事後馳赴武昌，受命指揮前敵各軍，然漢口、漢陽相繼爲清軍所奪，致受輕視，且因黃氏主棄武昌，攻南京，與鄂中意見相左，與孫武等人，嫌尤不愜。加之孫武到上海大肆活動，態度頗惹人厭，故黃氏草擬總次長人選名單時，雖于右任促其注意武昌首義同志，也未加理會，致各部總長中，武昌首義人物無一人。⑮此一情形，頗受詬病。又據胡漢民說，黃興初荐張謇或熊希齡長財政

图 4-4　《中华民国建国史》载《临时政府的组织与人事》

彼时的中国，革命派人士并没有坚强的经济后盾做支撑，几乎是靠四处借款予以维持革命开销，因此实力有限，不得不向立宪派及旧官僚予以妥协。反映在新闻管理体制上，则为南京临时政府迟迟不能出台专门的新闻法规。以孙中山为代首的南京临时政府，除了倡导言论自由外，几乎无法有其他作为。而民间报界人士，则各有各的立场，分别代表了各种不同势力。如当时几家影响力较大的报纸中，《民立报》一如既往为革命呐喊；《申报》则相对中立，不同阶段立场有所不同，与革命派时合时离；《大公报》则坚决抵制革命，认为其影响中国发展，阻碍社会进步。如上文所述，即便是革命党人内部，也存在严重分歧。新闻事业的管理直到彼时，并没有能够使统治者为其专设管理岗位，南京临时政府也同样没有将新闻事业管理上升到专业化、职业化的层面。其成立之后，对中央行政各部及其权限做出专门规定，共九个部门，陆军部、海军部、外交部、司法部、财政部、内务部、教育部、实业部、交通部，从名称上就可以看出，无一

专门为新闻管理而设。根据该权限划分，其中有三个部门涉及此项事务。然从官方公布的职权划分上来看，却无从知晓新闻监管职权的具体归属。此次的职能机构设置，并没有专门管理新闻的部门，甚至并没有将新闻监管作为一项专门事务予以列出。模糊不清的规定在实际管理中产生了很多问题，及后终于由孙中山特令内务部掌管新闻宣传事务。

> 　　大总统批法制局呈教育部官职令修改全案并新闻杂志演说会应归教育部管理与否请示遵由……至来呈所称教育部原案中社会教育司编辑所掌握新闻杂志、演说会等事，据中央各部官制及其权限法案所定，应归内务部掌管。此等事项，既非宗教，又非礼俗，初六日阁议并未提及，究竟该项事务应归教育部管理与否，请示遵办等语。查新闻杂志、演说会等事自应归内务部管理，即行查照订定可也。此批。[1]

原先新闻杂志等事项归教育部社会教育司所掌，后划归为内务部。而从上文内务部长职责之规定可知，内务部所辖事务纷杂，新闻管理只是其中一条未能予以明列的事项。

而在地方，陈其美作为革命党人，支持的是革命党人的《民立报》，陈炯明作为地方军队首领，压制的也是他一直想要消除的民军势力和同情民军的报人。从政者对于新闻宣传的态度，由当政者背后的利益集团所决定。而缺乏统一管理的新闻从业者也利用这个空隙，大肆扩张，为其所代表的利益集团发声。"从1911年11月辛亥革命到1934年1月的'福建事变'，这段时期闽南地区基本上处于军事政权的无序统治时期。反映在新闻事业上，由于政局动荡，军阀割据，斗争错综复杂，各种政治势力争相创办报纸，充当各自的喉舌，宣扬各自的主张，打击政治对手；当然，由

---

[1]　刘萍、李学通主编《辛亥革命资料选编·第四卷》（下册），社会科学文献出版社，2012，第687页。

于军阀割据统治的野蛮与残酷，报馆动辄被封闭，报人随时被杀害，这些同政治斗争关系密切的报纸，自然而然地随着政局的变化而潮起潮落，旋生旋灭。"①

可见，在南京临时政府时期，缺乏专门的新闻监管机构，以及职权不明确带来管理的混乱无序。

二　新闻管理软弱无力

"从国际法角度来看，南京临时政府有效控制地域的能力有限，也从未得到列强的外交承认，尽管英、法、德、美、俄、日等列强与南京临时政府进行了接触，在南北和谈期间也居中调停，但他们仍然承认清政府是中国的唯一合法政府，只是以中立为行动策略。我们或许可以说，列强表现出了承认南京临时政府作为'交战团体'的意向。但是，列强保持中立，只是其行动策略，并未使自己受到保持中立的法律义务的约束，对他们来说，南京临时政府的法律地位介于'叛乱团体'与'交战团体'之间。"②

在民国成立后，本就存在的革命道路分歧愈发明显。民国实行议会制度，为争取议会席位，时下涌现出许多政党社团。而这些政党背后，大都有自己的报纸，以宣传自己，攻击其他势力。"国家学会有《国权报》，中华共和宪政会办有《共和报》……这些报刊都具有浓厚的党派性，政见不同，观点各异，在宣传上互相批评揭责，甚至互相攻讦，斗争十分激烈。"③ 于是各派背后的报纸言论倾向也随着革命的发展而不断改变。其中，《民立报》虽是同盟会的主要机关报，却在刚从英国回来的章士钊主导下迅速转向，于1912年2月23日发表《民立报之宣言》的社论，公开宣称不再具有同盟会机关报的政治倾向性，将性质由"党报"提升为"国报"。其政治妥协倾向比较严重，尤其体现在对袁世凯的态度

---

① 许清茂、林念生主编《闽南新闻事业》，福建人民出版社，2008，第32~33页。
② 章永乐著《旧邦新造：1911~1917》，北京大学出版社，2011，第56~57页。
③ 马光仁主编《上海新闻通史》，复旦大学出版社，2014，第402页。

上，对袁主张采取"勿逼袁反"，甚至喊出"非袁不可"的口号，这与当时孙中山、黄兴的态度一致。而以戴季陶为代表的一批青年革命党人所主持的同盟会另一重要机关报《民权报》则完全不同。他们尖锐地揭露袁世凯"假共和、真帝制"的骗局，严厉批判临时政府对袁世凯的妥协态度。更为棘手的是以《大共和日报》为代表的"拥袁倒孙"报刊活动。该报创刊于1912年1月4日，以"革命名宿"自喻的章太炎在发刊词中公开提出"民主立宪，君主立宪，此为政体高下之分，而非政事美恶之别，专制非无良规，共和非无秕政。"并公开否认民主共和的优越性，否定南京临时政府的进步性和革命性。[①] 通过该报，章太炎等人更加露骨地与孙中山、同盟会作对，吹捧黎元洪、袁世凯，成为攻击南京临时政府的领头羊。

从《民国暂行报律》的下场不难看出，南京临时政府新闻管理阻力较大，相对于新闻界，政府处于弱势一方，管理行为的效力备受质疑。令人深省的是，不管是哪一方的报纸，在"暂行报律"风波中，无一不对南京临时政府提出质疑甚至声讨，给孙中山领导的南京临时政府造成了直接的巨大压力。"暂行报律"风波中，作为制定方南京临时政府，在颁布法律法规时并未遵循先前的《临时政府组织大纲》，由立法机关参议院出台，而是直接由行政机关制定并公布。而报界反对之理由颇为勉强。

《民国暂行报律》的出台绝非一时起意，而是早有筹谋。"数月之前，居正和孙中山就有了约束上海报界的意思：'见上海报纸语杂言庞，思有以纳于轨物。'直接的起因则是章太炎在《大公报》上发表的那通著名电文：'革命军起，革命党消，天下为公，乃克有济。'"[②] 居正曾在回忆录中感叹："上海舆论绝对自由，革命军起，革命党消之言论，影响于南京

---

① 马光仁主编《上海新闻通史》，复旦大学出版社，2014，第403页。
② 颜浩著《民国元年：历史与文学中的日常生活》，陕西人民出版社，2012，第104～105页。

政府者尤不小。"① 对于新闻舆论的管理，孙中山始终认为是必要的。其曾指出：

> 报纸在专制时代，则利用攻击，以政府非人民之政府；报纸在共和时代，则不利用攻击，以政府乃人民之政府也……今日之报纸，必须改易其方针，人心乃能一致……言论一致，而人心亦能一致也。②

对于章太炎所讨论的报纸言论自由的问题，孙中山认为："民国此后应否设置报律及如何订立之处，当俟国民议会决议，勿遽哓哓可也。"③

意思是报律的制定只是时间的问题而已。虽然如此，南京临时政府的举措却显得尤为仓促，内务部自行制定公布，绕开了立法机关参议院，甚至连报备都无，以致在程序上被攻击得体无完肤，毫无还击之力。这直接反映出南京临时政府与参议院之间缺少沟通，整个国家领导层在国家事务管理方面存在分歧。另外，《民国暂行报律》的取消，除上述程序原因之外，也是孙中山及南京临时政府软弱妥协所致。《申报》刊文："言论自由共和国之通例，监督政府报纸之天职。""内务部反横加取缔钳制我自由之言论。"认为内务部的行为是受南京临时政府的指使，侵犯言论自由的幕后指挥者就是南京临时政府，"内务部何人而可以一纸电书抹杀全国之舆论。故此事无论其为暂行为永久，内务部违法越权破坏共和之罪总无逃于天地。""内务部不过为人傀儡，其主动固别有在，然而内务部休矣"④，矛头直指南京临时政府（见图4-5）。南京临时政府未能认清保护新政权、加强对新闻事业管理的必要性，以致让反动势力利用新闻自由一说，破坏革命政权，轻易就废除了报律，不够慎重。

---

① 罗福惠、萧怡编《居正文集》（上册），华中师范大学出版社，1989，第75、93页。
② 孙中山：《对粤报记者的演说》，《孙中山全集》（第二卷），中华书局，1982，第348～349页。
③ 颜浩著《民国元年：历史与文学中的日常生活》，陕西人民出版社，2012，第105页。
④ 《清谈》，《申报》1912年3月7日。

图 4-5　《申报》刊文矛头直指南京临时政府

　　再看报界态度。报界反对理由有三：一是程序违法；二是破坏言论自由；三是条文不合理。且看这三个理由中，程序违法为事实，破坏言论自由及条文不合理乃无稽之谈。上文述及《中华民国临时约法》时便指出，言论自由是有限制的，因此报律的制定是有法律依据的，报律中"调查失实，污毁个人名誉者，被污毁人得要求其更正，要求更正而不履行时，经被污毁人提起诉讼，讯明得酌量科罚"也是合理的，并非破坏言论自由。况且以孙中山为首的南京临时政府领导人，对于报界的态度很是和缓，孙中山在《临时大总统宣言》中便强调报界对于革命的帮助："八月以来，义旗飙发，……而报纸及舆论尤每表其同情"，其一直认为革命得以成功、民国得以建立，报界功劳颇大。至于条文合理性，《民国暂行报律》中并无任何苛责报界人士的内容，只是要求注册发行，并且遵守新闻职业道德，不得污毁他人，同时维护共和国体，这些内容都没有任何不合理之处。至于"今杀人行劫之律尚未定，而先定报律，是欲袭满清专制之故智，钳制舆论，报界全体万难承认"。实则强词夺理，杀人行劫之律虽未新立，但已申明沿用旧律，即杀人越货的罪行是有法律法规予以管辖约束的，并非没有。且报律与杀人行劫律法之间并无先后的逻辑关联，而是各有管辖领域，以杀人行劫之律未得新立而否认报律的合理性，显然不妥。反观报界对于报律的态度，则是恨不得除之而后快，以免受限制。1912 年 6 月，在中国报界俱进会上海特别大会上，就专门讨论了"报律"问题。

有的代表提出，"报律推其缘起，因专制时代政府各事秘密"，"畏人宣泄，假报律两字，以为其提防之方法"，现在共和时代，"共和国事务应主放人民，本应无秘密可言"，"报纸可以自由传播"，"若谓损害个人名誉，在民法上当有名誉赔偿之规定，似无需再定专律"。[1] 且章太炎之流自民国成立起，便与孙中山领导的革命党人决裂，其更倾向于信赖以袁世凯为代表的保守势力，处处站在南京临时政府的对立面。民初报纸大多背景复杂，党同伐异。因此，"暂行报律"风波中，几分为理，几分为法，又有几分为党派斗争，一目了然。

这是南京临时政府时期唯一一次"舆论控制"和"言论自由"之间的正面碰撞。政府软弱对于新闻事业的发展而言产生了一定的负面影响。《民立报》主编于右任清末曾引领舆论导向，对民国有匡扶之功。但民国建立没多久，他便痛心疾首地抨击起了报界恶习：

> 自今年来，这一个风雨飘摇的国家吃报纸的亏不少。……一代风云人物之名誉之志愿，如弟屡屡所述者，无一不卷入此种报纸恶风潮中，竟将庄严璀璨之中华民国，旦旦而伐，大有秋风落木之悲！耗尽心血，改良报界，今日为中华民国收此恶果。[2]

报律的缺失，使得民初新闻事业发展失去了应有的规制，难免走偏。

三　新闻管理力度失衡

职权不明确，依据不清晰，这些必然会严重影响新闻事业管理的效果。南京临时政府便存在这样的问题，承认言论自由，却又无法把控，没有权威的管理依据能够约束新闻事业的权利与义务，也没有有效的措施能够将言论自由维持在一个合理的层面。

言论自由是新闻事业发展的根基，然而，过度的言论自由却存在一定

---

[1]　马光仁主编《上海新闻史》（1850~1949），复旦大学出版社，2014，第435~436页。
[2]　《于右任答某君书》，《民立报》1912年9月16日。

的隐患。人类发展的历史长河中，每一个得以长久维持的社会秩序，都需要合理适度的监管，新闻亦是如此。民国初期，过度的自由给报界发展带来了机遇，同时也埋下隐患。随着大众对时事新闻的高度关注，在竞争压力和商业利益的驱动下，甚至出现了编造虚假新闻的现象。更为紧要的是，南京临时政府成立于风雨飘摇之中，帝国主义侵略者虎视眈眈，袁世凯等守旧势力根深蒂固，即便是革命党人内部，也是诸口不一。不同于报界的咄咄逼人，南京临时政府步步退让，对于报界的强势只能追捧，却怯于监管，在这个笔杆即为枪杆的时代，新闻事业的管理弱势对政府的运行无疑是如雪上加霜般的打击。这对于一个刚刚成立的政权来说，显然是不合适的。

新政权的巩固和发展需要强有力的舆论宣传和合理恰当的新闻监管，而这些，当时的南京临时政府都未能做到。除了与它本身根基不强有关外，过度的自由也是其后期的失误之一。如果说一开始，革命党人确实积极支持维护报界的言论自由权及舆论监督权，那么至此，情势已经发生转变，孙中山领导的南京临时政府，相较于军阀和旧官僚阶级，仍旧比较弱势。革命成果的维护、共和政体的推行比原本想象的更为艰难。南京临时政府对于各方势力均小心翼翼，唯恐失去支持，挑起纷争。因此，在纷乱的舆论众出年代，即便需要一个强有力的报律对报界予以约束监管，即便明知《民国暂行报律》内容确无明显失当之处，以孙中山为首的革命党人仍然以其程序违法为由将其撤销，撤销后也并未及时出台相应的举措以规范新闻事业管理工作。整个"暂行报律"风波过程中，其只表明极力维护言论自由的姿态，对各界人士的意见均悉心采纳，生怕落下口实，动摇国本。另外，日渐丰益的报业团体也时常发难于南京临时政府，"离异趋向显著的上海日报公会，在民初亦为民间社会制约国家的主要力量之一，曾一度使新生的共和政权疲于应付，以致束手无策，处于明显的劣势，反映了民间社会力量的膨胀，同时也产生了官方与传媒的关系如何协调适度的问题"。①

---

① 赵建国：《清末民初的上海日报公会》，《探求》2006 年第 4 期。

相比较于中央政府的软弱妥协，部分地方政权却显得极为强势。"极小范围内之高水准制度移植，与广漠内地之有治法无治人共存，如巴蜀军兴而'法政速成班'尚未毕业，虽成都亦不过有一新式裁判厅，模范监狱及数百巡警耳，外郡全属空白。民党先锋杨维甫出模范监狱，即任警察总监，效张献忠大书'杀杀杀杀杀杀杀'七字以整顿治安。"① 新闻管理力度的失衡，导致民初新闻事业发展过于恣意，以致各种违反新闻职业道德的行为频出。新闻事业的管理更多是依据政策甚至是当政者个人意愿，以致后患无穷，不乏采取极端手段打压报界、残害报人的行为。"针对那些有个性有血性敢说真话敢捋虎须的报纸和报人，当局采用的策略就是以暴力压制、迫害和摧残报馆和报人。捣毁、查封报馆时有发生，殴打、逮捕、驱逐、杀害报人的事件更是家常便饭。"② 广东代理都督陈炯明甚至以依附叛军、妨害军政等罪名，按"军律"第十条，将报人陈听香判定死刑。为了维护与发展自己的权势，其"动辄封报杀人，对广州的八家报馆肆意干涉，压制舆论，甚至'拘留主笔，勒交访员'，迫害新闻记者。在闽南地区新闻事业发展历程上，大小报案不胜枚举"。③ 这种以"军律"管制新闻事业的做法虽然不合常理，但却不是个例。及至1912年6月，甚至发生广东都督仍沿用《大清报律》取缔报纸事件。"2月，湖南《岳阳日报》主笔李澄宇因发表《阅岳州筹饷分局公拟办法章程之诤言》社论，对筹饷办法提出不同意见，遭到逮捕。长沙各报联名致函湖南都督谭延闿抗议后才获释。4月，长沙《大汉民报》因发表文章指责湘军师长王隆中酗酒杀人，被谭延闿下令停刊7天，罚款30元，旋即停刊。6月，长沙各报联合组成湖南报界联合会，拒绝承认谭延闿制定的《湖南报纸暂行条例》。"④ 采取严厉管控甚至极端逮捕的手段也是南京临时政府辖下新闻管理事业的一种生态体现。

---

① 刘仲敬著《民国纪事本末（1911~1949）》，广西师范大学出版社，2013，第53页。
② 许清茂、林念生主编《闽南新闻事业》，福建人民出版社，2008，第62页。
③ 许清茂、林念生主编《闽南新闻事业》，福建人民出版社，2008，第62~63页。
④ 傅国勇著《笔底波澜：百年中国言论简史》，中华书局，2013，第101页。

南京临时政府的成立，是中国民族资产阶级革命的阶段性胜利。然而，民族资产阶级革命党人存在"先天不足"的现象。民国成立之初，各方势力表面按兵不动甚至支持共和，实际上却是处处掣肘南京临时政府，革命党人在军阀、旧官僚和帝国主义的夹缝中求生存，对各方各界均极力维系，唯恐稍有不周，便使来之不易的革命成果付诸东流。这是由资产阶级革命派天然的软弱性和妥协性决定的。同时，中国民族资产阶级的软弱又源自其没有强大的经济实力做后盾。随着帝国主义入侵的深入，中国的民族经济受到重创，"列强把持了海关，掌握了百分之九十以上进出口贸易，还通过对内河航运权、路矿权的无耻掠夺，……光绪二十八年（1902），各通商口岸进出的外轮吨位占总数百分之八十三点一；中国仅百分之十六点九。宣统三年（1911），全国九千六百多公里铁路线，中国自主铁路只有六百六十五点六二公里，占百分之六点九"。[1] 民族资产阶级很难找到和打开自己的独立市场。"据统计，从南京临时政府 1912 年 1 月 1 日成立之日起至 1912 年 4 月 30 日临时政府北迁，共收入银 8660065.31 元、规平 8860475.11 两，支出银 14234234.009 元、规平 3856825.43 两，入不敷出，还有透支移交给袁世凯政府。"[2] "收入中，向外国借款规平 8495414.15 两，占了 56% 多，可见南京临时政府的主要收入来源是外债。"[3]

同时，革命党人对帝国主义侵略者的态度也偏于软弱。帝国主义肆意侵略中国，不仅要求割地赔款，同时还在上海等诸多城市建立殖民地。更有文化入侵，传教布道，开办学校，开设报馆，浸入中国的政治、经济、社会的方方面面，民族危机日渐加深。在当时的中国，帝国主义侵略者通过扶植傀儡政权的方式控制中国，在清廷旧官僚、立宪派和革命派人士中观望比较，试图寻找最佳代表。对中国的革命，帝国主义更多的是采取隔岸观火的态度，偶有干涉。这便让革命派人士对其产生了幻想甚至依赖。

---

① 中国人民大学清史研究所编《清史研究集》（第三辑），四川人民出版社，1984，第269页。

② 《南京财政部收支报告》，《申报》1912 年 7 月 30 日。

③ 李志茗：《旧邦新造：孙中山与南京临时政府之组建》，《福建论坛》（人文社会科学版）2016 年第 9 期。

然而，南京临时政府成立初期，却并未得到他们所希望的认可和支持。《中华民国史大事记》（第一卷）中记载：1912 年 1 月 2 日，"上海英文《字林西报》发表社论，攻击孙中山'独裁'，实行'寡头政治'，即将建立的南京临时政府'远非一个民有、民治、民享的政府'"。1 月 5 日，"孙中山发表《对外宣言书》，声明：凡革命前清廷与各国所订条约、所借外债、所认赔款及让与各国或个人之种种权利，民国均予承认、保护"。1 月 11 日，"孙中山照会各国政府，声明已建立临时政府，选举临时总统，组织内阁，要求承认中华民国政府"。1 月 17 日，"南京临时政府外交总长王宠惠于是日及 19 日两次要求美国承认中华民国，均未得复"。① 由此不难看出，为了争取帝国主义的支持，南京临时政府采取了妥协的态度，委婉承认那些不平等条约，对国外的报纸更是纵容，几乎毫无限制。

政府允许人们自由言论，抨击时弊，却没有对此项权利予以合理约束。而各界人士或真或假、或极端或中肯的言论，让本就举步维艰的政府领导显得更加脆弱不堪。

---

① 韩信夫、姜克夫主编《中华民国史大事记》第一卷（1905~1915），中华书局，2011，第 302~308 页。

结语：南京临时政府新闻管理体制的启示

人类发展的历史长河中，每一个得以长久维持的社会秩序，都需要合理适度的监管，新闻亦是如此。南京临时政府虽然持续时间不长，时逢乱世，却造就中国新闻史上第一个新闻发展的黄金期。其所引发的一系列正负效应，都值得后人思考探索。

一 尊重新闻规律

新闻事业是否应该成为政府行政事业管理的一部分，是南京临时政府时期争论的焦点。自新闻事业逐渐兴起，中国政局动荡不安，封建王朝一向十分注重对言论的控制。及至清朝，这种言论管制达到顶峰。对于报刊，清廷采取严厉的管控手段。这被视为旧的政治权威对新生事物做出的排斥反应，因此在南京临时政府成立之后，大多数革命者、报人和普通民众认为，新闻管理这种"陋习"应该同其他封建糟粕一样，随着清帝退位而淡出历史舞台。只有南京临时政府的组建者们，在面临价值导向多元的社会管理实践问题时，才不得不重新思考新闻管理的意义。换言之，新闻管理有着现实必要性，无论是什么性质的国体政体，新闻事业都是一股不容忽视的力量，对政权的维持十分重要。

新闻事业对于历史悠久的中国而言，是新生事物。从不起眼的传教士传教册，到销售量成千上万的报纸，新闻事业已经逐渐显示出其特有的发展态势，其背后是一群有态度、有立场、善表达的新闻工作者，是读书识字会写文章的人。民国成立后，士农工商的社会固有阶层观念被动摇，当这群人不再以办报为耻、反以"第四种族"自居的时候，他们自身的身份认同感，促使他们在新的社会体系中寻求一席之地，他们急于被认可。加之南京临时政府的一系列开明举措，使民初新闻事业得以蓬勃发展。

如前文所述，南京临时政府对新闻事业管理的认识并不充分，将其纳入内务部、教育部、交通部职能之中，零散的不成文的规定并不能很好地调节这种新生的社会关系。而"暂行报律"风波则为政府敲响警钟，一部没有经过严格论证和完备程序的法规文件，同样是不能有效解决问题的。但不可否认的是，《民国暂行报律》的颁布是中国新闻管理工作的重要转折点。尽管在新闻事业管理的问题上，南京临时政府延用清廷的一些具体规定，但南京临时政府此举与清廷的相关立法行为有着本质性的区别，这不是为了维护皇权，也不是为了维护百姓之威，《民国暂行报律》是为了维护新生的共和政权，同时强调了即便是以言论发表为生的报业，也必须尊重他人名誉。

然而，南京临时政府在职权界定和管理举措方面，都没有能够很好地尊重新闻事业的自身特点和发展规律，因此，引起报界的反对也并不意外。

二 辩证地看待自由与责任

经历了专制王朝晚期的疯狂打击，南京临时政府作为新政府，成立后最重要也是最受关注的地方，便是它与旧王朝有何不同，它该如何体现出革命的意义。南京临时政府深谙民众心理，成立初便着手制定《中华民国临时约法》，将"言论自由"纳入宪法性文件。这是南京临时政府向新闻界和广大普通民众的表态，也正是后者对于革命胜利的最直观感受。

但是，"言论自由"并不是万能的良药，南京临时政府也不能仅仅依靠"言论自由"带来的"思潮解放"效应维持一个国家的日常秩序。恰恰相反，它为南京临时政府带来了很多问题。

南京临时政府时期的新闻管理体制

　　"从 1895 年到 1911 年或者从中日甲午战争到民主共和制度的建立，这段时期是中国新闻事业发展的'黄金时期'。这种说法所暗含的意义是，新闻事业把新闻作为表达舆论、自由和公正信息的媒介，并以较高的标准对其进行判断，但是从 1911 年开始，其中 1915～1925 年除外，新闻事业似乎表现出一种倒退的倾向。客观上来看，当代新闻确实在印刷和发行方面取得了明显进步，但是，这毕竟不是判断新闻事业进步与否所遵循的标准。当代新闻事业倒退暗含着一个'悖论'，即越是'强大'的政府，其新闻事业越弱小，反之亦然。"① 林语堂的研究透露出政府与新闻事业的微妙关系，政府与新闻界的"对立"，是与生俱来的。一个追求整体的有序性，一个追求个体意识的完全体现。这种对立关系在很长一段时间内呈现出此消彼长的态势。可以认为，这种态势的出现是必然的，却又是不健康的。因为理想的社会状态，应该是个体与整体的有机统一，而如何去协调统一关系，正是政府新闻管理学所要解答的问题。至少历史证明了一点，政府参与新闻管理的程度，是与其自身实力和社会有序程度成反比的。

　　从社会发展的角度而言，正视"言论自由"和新闻管理是十分必要的。晚清统治的摧枯拉朽，被热情高涨的革命者及报人视为自由的胜利，绝对自由主义思潮得到追捧。在这种社会背景下，新闻管理一时间成了"言论自由"的反义词。在民初报人眼里，新闻管理是一项无法接受的政府行政行为。因此，当南京临时政府表明管理干涉的姿态时，一众报人，不论曾经的革命立场如何，都自觉抱成团，形成强大的行业凝聚力，去反抗政府的行政力量。然而"自由"并非绝对的，自由是以不影响他人自由为限度的，言论自由也是一样的。言论环境的宽松化是历史前行的需求，然而宽松化是相对于封建专制时代的高压管控而言，并非绝对放任不管。个人意识的觉醒也同样是社会发展的趋势，个人对自由的追求，不仅限于自己能够说什么，同样也有能够限制别人说什么的需要，这个需要就是自

---

　　① 林语堂著《中国新闻舆论史》（1968 年版），王海译，暨南大学出版社，2011，第 108 页。

由的限度。由此看来，"言论自由"应该包含两层意思：其一，是可以说的自由，其二，是可以限制不实言论或不适宜公开发表言论的自由。这把双刃剑需要一位执掌者，至少在行业自律不够成熟的情况下，由政府出面予以规范，是最合适的。每一份报纸、每一个新闻人，都必须为自己制造的新闻产品负责，这就是政府对"言论自由"进行引导管理的目的。

梁启超认为，绝对新闻自由理论自身存在缺陷，自由和义务密切相连。报刊的言论自由必须以其对社会承担的道德义务为前提，言论自由还要服从法律的规定，这种见解与20世纪中期西方国家兴起的报刊社会责任理论相吻合。对新闻事业进行必要的管理，是政府维持日常社会秩序的职责，也是政府维护声望的手段之一。"应该说，言论自由是革命追求的目标之一，具有崇高的价值。但是，在革命还没有完全成功的情况下，为保证革命的彻底进行，需要有集中统一的意志，因此必须对舆论进行必要的控制。在这种情况下，革命派中的居正等人'见上海报纸语杂言庞，思有以纳于轨物'，于是颁行《民国暂行报律》。这说明他们是针对舆论'绝对自由'、'语杂言庞'的。但是，在许多革命党人中，包括孙中山、马君武、章太炎和于右任等，对'言论自由'抱有严重幻想的情况下，这种试图对舆论有所控制做法的结果是可想而知的。"[1]

革命党出身的孙中山等南京临时政府要员们，即便意识到了过度的"言论自由"已经造成监管困难，然而还是放不下一贯以来他们为之骄傲和奋斗的"自由"使命。这些幻想源于他们对"自由"的过度信仰和依赖，仿佛维护"自由"是他们成立政府的合理合法依据，一旦有任何危害到"自由"的举措，哪怕是正常公共秩序的维持，也是对革命的背叛。

南京临时政府并非一个强有力的政府，反而是一个软弱的政府。南京临时政府时期，新闻事业发展的势头并未衰弱，而且愈见强势。南京临时政府对于新闻事业管理的态度是犹豫的，犹豫的并非"管"与"不管"的

---

① 袁新洁著《近现代报刊"文人论证传统研究"》，江西人民出版社，2009，第126~127页。

问题，而是"能管"与"不能管"的问题。孙中山后期在广州接受记者采访的时候，曾明确表示过：

> 报纸在专制时代，则利用攻击，以政府非人民之政府；报纸在共和时代，则不利用攻击，以政府乃人民之政府也……今日之报纸，必须改易其方针，人心乃能一致……言论一致，而人心亦能一致也。[①]

新闻事业的直接管理部门内务部掌实权的人物、次长居正对此也是持肯定态度的，"上海舆论绝对自由，革命军起，革命党消之言论，影响于南京政府者尤不小"。[②]

当时的共和政权非常脆弱，外有北方袁世凯虎视眈眈，有殖民帝国压榨为难，内有昔日革命同僚的指责质疑。于是，当报界集体发出声讨时，南京临时政府并无实力强硬面对，只得妥协。这在中国历任政权存续史上，都是很罕见的。南京临时政府的处境决定了其无法在新闻事业管理方面施展拳脚，恰恰是因为对新闻事业管理不到位，南京临时政府的危机加重。一个根基本就不稳的政权，报纸尤其是其辖下报纸的负面宣传，足以涣散人心，破灭希望，形成恶性循环。政府开展新闻事业管理，对言论自由予以合适的引导与规范，对于社会秩序的维护与政府的持续有着重要的意义。

三 重视制度系统化设计

制度是实现某种功能和特定目标的社会组织乃至整个社会的一系列规范体系。精良的制度设计对于这种规范体系的建立和运行有着不言而喻的重要意义。

---

① 孙中山：《对粤报记者的演说》，转引自《孙中山全集》（第2卷），中华书局，1982，第348~349页。

② 罗福惠、萧怡主编《居正文集》（上册），华中师范大学出版社，1989，第93页。

辛亥革命虽声势浩荡，实际上事发仓促。及至南京临时政府时期，政权初立，革命当权者面对心思各异的新生统治集团和满目疮痍的战后社会，并不能及时地建立起一套有效的社会规范体系。现实社会条件决定了其无法设计落实出相对健全的管理制度。整体框架思路的缺乏是南京临时政府新闻事业管理无法有效开展的重要原因之一。

（一）新闻事业管理需要专业的管理机构

随着社会的发展，新闻业的规模日渐壮大，内容日渐丰富，新闻传播渗透到社会的各个阶层。因此，有效的管理和健康的运转都显得十分重要，专业的机构引导管理不可或缺。

如前文所述，南京临时政府时期，由内务部掌管新闻事业，然而内务部事务繁杂，需要管理警务、卫生、宗教、礼俗、户口、田土、水利工程、善举和公益等，其中无一项是专门为新闻业而设。此外，南京临时政府根基不稳，大量的精力投入在军队管理、警务、田土等事项上，也无暇过多干涉新闻事业的发展。此外，专业还体现在管理人员的设置上。内务部总长程德全、次长居正，均非专业新闻人士，甚至鲜有涉及新闻行业。民初的知名报人不在少数，有着丰富的从业经验。然而，他们的行业积累，最多也只能用在报馆的经营管理层面，并没有进入政府新闻事业管理层面的机会和途径。因此，日渐壮大的新闻事业，却没有专业的管理机构来对其进行引导规范，其后果可想而知。

及至北洋政府时期，这种情况相对有所改善，"新闻出版管理事务由内务部警政司第四科负责，京师及各地方警察厅署为执行机关。虽然第四科是报刊管理的重要部门，但该部门地位低下、力量薄弱，在政府整个机构设置中并不重要。其主要职能有：一是负责北京及全国各地报馆的注册备案；二是负责拟订有关报刊管理文件，如废止《报纸条例》的文件，拟订《开设报馆禀报规则》《内务部警政司检阅报纸现行办法》，要求组织著作及出版物研究会的文件等；三是负责检阅报刊，1916年《内务部警政司检阅报纸现行办法》出台后，检阅任务就由第四科负责，每天由专人检阅各报章，发现问题向内务部长汇报，处理办法则交由警察厅负责。"① 1918年设"新闻检查局"，"1921年，第四科又提出成立'著作出版物研究会'以抑制新思潮传播，同时也是为了派专人搜集国内外有关新思潮的报刊进行检阅研究"，② 警察厅署负责执行政策。虽然管理力度较大，但由于人员的缺乏和机构的弱势，北洋政府也未能够使政令有效实施。

（二）新闻事业管理需要规范的管理程序

规范的管理程序即指行政管理中的程序正义，这个程序应该是公开的，为世人所认可的，并且有法律支撑保障的。程序正义即"看得见的正义"：正义不仅应该得到实现，而且要以人们看得见的方式加以实现。政府的行政管理，涉及被管理方的切身利益，与专制政权不同的是，民主政权必须要对行政管理关系的主体，即管理方与被管理方设定好相应的权利义务范畴。因此，在民主政权施政过程中，程序正义意义重大。规范的管理程序对管理行为的整个过程都有所要求，包含管理依据的制定出台、管理流程的公开透明、管理结果的公示等。

《民国暂行报律》颁布后，最为激烈的争执点，同时也是《民国暂行报律》最大的瑕疵，就是制定程序不规范。上海《申报》《时报》等11家报纸和中国报业俱进会联名致电孙中山并"通电各埠"，指责"内务部擅定报律，侵夺立法之权……欲袭满清专制之故智，钳制舆论，报界全体万难承认"，最终孙中山表示"又民国一切法律，皆当由参议院议决宣布，乃为有效。该部所布暂行报律，既未经参议院议决，自无法律之效力，不得以暂行二字，谓可从权办理"。程序不规范是《民国暂行报律》的一个硬伤，也是最终南京临时政府妥协的重要原因。可见，不规范的管理程序，不仅不能发挥有效的作用，反而会导致管理权威受到损害。

---

① 王润泽著《北洋政府时期的新闻业及其现代化（1916~1928）》，中国人民大学出版社，2010，第8页。
② 王润泽著《北洋政府时期的新闻业及其现代化（1916~1928）》，中国人民大学出版社，2010，第8~9页。

（三）新闻事业管理需要科学的管理依据

民主政府与专制政府不同，专制政府崇尚人治，而民主政府推崇法治，这个"法"，就是管理的依据。辛亥革命为中国的封建专制敲响了丧钟，新闻事业管理的模式也随着历史潮流而趋于现代化。

同专业的管理机构一样，新闻事业管理的依据制定尤为重要。一旦成形公布，这便是新闻事业开展的指导依据和行为准则。上文论及绝对新闻自由主义的影响，可知新闻人群体对于政府管理的可接受程度本就相对较低，新闻事业管理的依据必须符合新闻事业发展的内在要求，统筹其与政府管理之间的关系，尊重新闻人群体的职业价值取向。而南京临时政府时期，甚至有根据军法处置报案的事例发生，军队管理的强制性及残酷性，并不适用于新闻管理，法律关系范畴不同，万不可一概而论。这是新闻管理依据混乱的体现，其结果也无法令新闻人群体及民众信服。

晚清的《报章应守规则》《大清报律》《钦定报律》等新闻管理法令文本，尽管有限度地开放言禁，但其体现出为专制政权服务的思想根深蒂固，因此为报界所不容。袁世凯镇压"二次革命"以后，制定颁布《报纸条例》《出版法》等法律法令，更严苛于清政府时期，从而限制新闻事业的发展。"袁世凯政府通过1914年颁布实施《出版法》扩大了对报纸发行人、印刷人、编辑人的资格条件限制。由晚清政府时期的'年满二十岁以上的本国人、无精神病、未褫夺公权或现停止公权'的三项资格条件限制，发展为'本国年满三十岁以上之人民、须国内有住所或居所、无精神病、未褫夺公权复权'四项。同时《出版法》还规定，'编辑人、印刷人不得由一人兼充'；'海陆军军人'、'行政司法官吏'和'学校学生'不得充任报纸发行人、编辑人和印刷人。"[①] 在1914年颁布实施的《出版法》中明确规定：

---

① 田双：《从〈新青年〉的创办看北洋政府的新闻出版政策》，《福建论坛》（人文社会科学版）2012年专刊。

出版物之内容限制凡八：甲、淆乱政体者；乙、妨害治安者；丙、败坏风俗者；丁、煽动曲庇犯罪人，刑事被告人或陷害刑事被告人者；戊、轻罪重罪之预审案件，未经公判者；巳、诉讼或会议事件之禁止旁听者；庚、揭载军事、外交及其他官署机密之文书图画者；辛、功奸他人隐私，损害其名誉者。[①]

后《报纸条例》及《出版法》均被废除，可见违反新闻事业发展规律的新闻管理依据，是行不通的。

（四）新闻事业管理需要有效的救济机制

稳定的社会秩序不仅需要强有力的国家机器，同时也需要有效通达的救济渠道。在国家行政管理的过程中，救济途径的设计十分必要，有助于疏导问题，缓解社会矛盾，从而维护政府权威。

新闻传播具有受众广泛、信息内容丰富、形式灵活、简明易懂、传播迅速等特点，且新闻行业具有在公开场合发布信息的条件。也就是说，新闻行业的力量绝不仅仅限于新闻人群体之中，其背后，有着不可估量的群众力量。因而，新闻事业在接受政府管理时，对救济途径的要求更是高于其他行业。当新闻行业对政府相关行政行为有异议时，如果没有有效的救济渠道供其表达意见，则容易引发不理性的申诉，从而诱发民众的不满情绪，将新闻人手中的笔杆子变成对着政府的"枪杆子"。

南京临时政府时期，这样的事情时有发生。1912年2月15日，上海部分报馆联名致电南京临时政府，抗议建都南京，随后上海日报公会发表《请定都北京之公电》，表示对建都北京的认可。此举引起南京方面的不满，南京同盟会指责上海报馆收受袁世凯贿赂，更有天津《民意报》指出："袁使唐绍仪贿赂上海报馆，各以四千元塞其口，惟《天铎报》不受。"类似报道和指责引起上海报界的强烈愤慨，将矛头直指同盟会，致

---

① 谢振民编著《中华民国立法史》（上册），中国政法大学出版社，2000，第515页。

电孙中山要求彻查清名，最终查出《民意报》所刊载的电文来自南京临时政府总统府。[①] 单从这个案例来看，有三层救济关系：其一，上海报界对于天津《民意报》的侵权救济；其二，上海报界对政府不作为的救济；其三，上海报界对政府的侵权救济。在对《民意报》方面，上海报界联名致电天津《民意报》，否认其说法，并表示要彻查到底，在对政府方面，上海报界并未对政府行政监管不力的问题进行追究，只道是南京同盟会对其名誉进行污蔑，便直接致电身为会长的政府元首孙中山。上海报界采取的救济措施简单粗陋相对原始，体现出新闻事业管理中救济制度的不健全。

在合理有效的新闻事业管理体制下，针对《民意报》的行为，上海报界可以诉诸相关行政管理单位，要求彻查此事，恢复名誉。同时，可以入禀仲裁机构，要求对方对侵权行为负责。此案例中最重要的一点，便是当新闻界与政府之间由非行政法律关系而引发矛盾纠纷时，双方能够有一个平等对话的平台和机会。如此案例中，最终查获电报出自南京临时政府总统府，但是这封电报的发送并不属于南京临时政府的行政管理行为，此时南京临时政府与上海报界之间的矛盾纠纷并不属于行政法律关系范畴，因此不适用行政法律救济途径。那么此时，南京临时政府可否同《民意报》一样，以民事主体的身份站在被告席上？

再看"暂行报律"风波，南京临时政府与报界的关系则是典型的行政法律关系。风波中，报界的救济方式是大肆在报纸上刊登抗议言论，从而引起南京临时政府的关注与妥协。同样，在合理有效的新闻事业管理体制下，当新闻界对政府的新闻管理行为持异议时，可以选择规范的对话解决方式，如采取行政复议，甚至行政诉讼，而不是选择泄愤式的公开喊话方式。此种救济方式隐患较多，因为其缺乏有效的监督制约机制，任何人都得以在面向公众的报纸上发表反对言论，却无法证实言论的真伪，且在问题未得到解决前，会对新闻管理法律适用造成不良影响，乃至使其停滞不前，不利于新闻事业的运转维持。在面对实力不足的临时政府时，此举使

---

① 赵建国：《论民元时期的报界团体及其活动》，《江西社会科学》2010年第6期。

得政府妥协，看似报界取得胜利，然而在面对强大的国家机器时，无疑是自取灭亡，加剧矛盾。

四　提高管理的执行力

在民主政权的政治体系中，新闻事业的发展需要健全的法律保驾护航。新闻事业的管理，不同于管制，政府开展新闻事业管理的目的是确保新闻事业在合理的轨道上运行，同时，辅助政府履行社会管理职能。法律是一种社会上下都予以认可的行为规范，至少体现了国家意志，体现了上层建筑的价值取向。因此，法律依靠国家强制力及民众内心对规则的敬畏从而产生的自我约束，是维持社会秩序最重要的工具之一。

新闻事业作为社会关系的一部分，同样需要法律的保护与制约。优秀的新闻管理体制，必然有完善的法律体系做支撑。这是政府开展新闻事业管理工作的最重要方式。法律有着深厚的群众基础，有着国家强制力的保证，有着缜密的逻辑顺序，可以建立起一套相对健全的管理体系。在此框架内行管理之事，避免触犯行业发展的利益，也不会被群起而攻之，可以有效地保证政府的管理效果。

新闻管理事业的法律支撑，包含两个方面：一是要充分尊重新闻事业发展的规律；二是要纠偏其发展过程中发生的错误价值倾向。二者缺一不可。先看南京临时政府之前的清廷，其新闻管理举措鲜有得到后人正面肯定的评价，便是因为没有充分尊重个人和媒体发表言论的权利，以至于被视为反动的、具有压迫性质的苛政，如《大清报律》第十四条："报纸不得揭载：诋毁宫廷之语；淆乱政体之语；扰害公安之语；败坏风俗之语。"此条规定报纸不得妄言宫廷，即不得侵犯皇室尊严；"败坏风俗"则主要指违背专制政权所崇尚的封建价值观，这两点彻底暴露了清廷极力维护专制统治的目的。1916 年黎元洪政府制定的《检阅报纸现行办法》，要求"把现行法中有关报纸的规定作为检阅报纸的标准（当时主要是指《出版法》），选派专人逐日检阅在京出版的报纸，选购检阅在外省或外国出版的报纸，检阅人要分类检阅，并把检阅情况报次长总长，事关重大者应用部令通知警厅办理"。① 从报纸检阅的程序可见新闻审查制度之严，相当一部分国内报纸甚至无法进入发行环节。不同的是，南京临时政府时期，《中华民国临时约法》肯定了"言论自由"，却没有能力对新闻事业发展产生的问题进行纠正，这样的政府管理行为缺乏效力。南京临时政府时期，除被废除的《民国暂行报律》外，并无太多专门服务于新闻管理法律法令的建树，更多是依靠政府的行政命令和其他综合性法律法规进行调整约束。政府的行政命令多是针对具体事件而发，稳定性不足，不具有普遍适用性和可预期性，从而无法发挥行为准则的指导作用，效率低下，因此也导致了其在新闻事业管理方面的缺憾。

及至袁世凯及北洋政府时期，法律法令密集颁布："民国成立后到1928 年国民党南京政府建立前，中国新闻业的法律集中颁布于袁世凯时代，其先后制定、颁布、实施了一系列报刊法令法规，主要有：《报纸条例》（1914 年 4 月 2 日颁布）、《修正报纸条例》（1915 年 7 月 10 日公布）、《陆军部解释报纸条例第十条第四款军事秘密之范围》（1914 年 6 月 24 日公布）、《新闻电报章程》（1915 年 2 月 5 日公布）等专门的报刊法律法令制度；以及《出版法》（1914 年 12 月 15 日公布）、《著作权法》（1915 年 11 月 7 日公布）、《著作权法注册程序及规费施行细则》（1916 年 2 月 1 日公布）等与报刊活动具有密切关系的法令法律制度；还有诸如《戒严法》（1912 年 12 月 15 日公布）、《治安警察条例》（1914 年 3 月 2 日公布）、《预借条例》（1914 年 3 月 3 日公布）、《陆军刑事条例》（1915 年 3 月 18 日公布）等法律法令制度，基本上构成了一个由专门法、相关法、综合法互为补充的报刊法律法令制度体系。"② 除《报纸条例》《出版法》等少数法令被废除外，其余都在整个北洋政府时期延续使用，"同时，一些新出台的条例或规定也部分起到了管理新闻的职责。如 1916 年 9 月，黎元洪政

① 王润泽著《北洋政府时期的新闻业及其现代化（1916～1928）》，中国人民大学出版社，2010，第 7 页。
② 王润泽著《北洋政府时期的新闻业及其现代化（1916～1928）》，中国人民大学出版社，2010，第 3 页。

府内务部警务司制定颁布《检阅报纸现行办法》……1917年又宣布自5月26日其恢复邮电检查。1918年8月，北洋政府设立'新闻检查局'，规定该局可以对新闻报纸上刊载的新闻消息及其他内容进行'检查'并予以处罚。五四运动以后，北京政府发布了《查禁俄过激派印刷物函》……同年10月25日，徐世昌政府内务部颁布了《管理印刷营业规则》……1925年4月，京师警察总监朱深颁布了《管理新闻营业条例》……"① 从上述一系列文件可看出，政府的新闻管理体系较南京临时政府相对完整现实，法网严密，为相关部门履行新闻管理职能提供很强的可参照性，使其效率得以提高。

五　引导行业自律

行业自律是规范行业发展的重要途径，同时，也是对政府行政管理的重要补充。行业自律的行为规范是经长期行业发展而形成，符合行业发展规律，并获得业内人士认可的统一观念。相比于政府的行政行为，行业规范更容易被业界接受，行业自律的现实意义不言而喻。于新闻业而言，行业自律更为重要。一种被新闻人所认可的价值观对于业界的影响，甚至远超于由行政强制力带来的制约。

美国新闻界从19世纪末开始关注到行业自律问题。美国宪法修正案第一条规定："国会不得制定下列法律确立一种国教或禁止信教自由：剥夺人民言论及出版自由；消减人民正当集会及向政府申诉补救损害的权利。"这为美国新闻自由提供了最具权威的法律保障。在大洋彼岸的中国，初获自由的新闻人，同样对"新闻自由"坚信不疑，视为自己的职业信仰。然而19世纪末开始，自由主义新闻理论的弊端已经十分明显。"它无法避免新闻业的放任、自私和过度商业化，甚至为滥用新闻自由提供了借口。一些报纸为争取读者，增加发行，不惜夸大渲染，制造新闻。以致'黄色新

---

① 王润泽著《北洋政府时期的新闻业及其现代化（1916~1928）》，中国人民大学出版社，2010，第7~8页。

闻'的泛滥演成了新闻自由的危机。"此时，新闻界自身已经意识到行业自律的重要性，否则将会给新闻业的发展带来恶劣后果。"自19世纪末开始，倡导促进新闻职业道德的新闻自律观念开始萌芽，新闻自律在西方逐渐被当作维护新闻自由、防止政府干预的重要途径。"①

南京临时政府时期，尽管国内新闻事业获得极大发展，但新闻界行业自律能力尚未能够达到一定的影响力。彼时对新闻事业的规范，主要是依赖政府行政管理，短暂的政权无法制定出适合时下新闻发展的法律规范。另外，政府的法律法规及相应的具体行政行为，具有一定的滞后性特征，可以应对部分问题，却很预防即将发生的问题。南京临时政府又不具备制定出行政规范，以应对新闻事业发展过程中可能存在的一些共性问题的能力。因此，一些欠妥的措施激起业界的强烈反对，并引发连环效应，导致新闻界对政府的行政管理行为激发出超出合理范围的质疑与反抗，从而拒绝接受带有管控制约性质的行政管理行为，而仅仅对于"减免邮资"此等于己有益的政令坦然接受。被管理方的反馈可以视为管理方管理措施适当与否的衡量标准之一，但并非唯一标准。业界的此种反应，已经凸显出双方实力对比的强弱，政府施政过程中的问题显露无遗。政府行政行为作为外在强制性因素，在无法得到业内人士的认可时，往往依靠国家强制力予以推行实施，然而这点，在南京临时政府统治期间，也并不成熟。南京临时政府的新闻管理事业举步维艰。加之缺乏行业自律的配合，无疑是雪上加霜，这极大地增加了新闻管理的难度。

南京临时政府短暂的新闻管理事业，虽零散看似不成体系，但对后世仍有着重要的借鉴意义。行业自律这股力量，在后期的北洋政府及国民政府时期，也并未得到重视。"1912年2月，贵州报界同盟会发表《致各省报馆书》，宣称：'报纸为言论机关，于政治人心实有绝大之影响，不可各怀党私，致启纷争。尤不可僻言诡论，颠倒黑白。矧值反正之际，大局未

---

① 王海涛、刘晓程：《论美国新闻史中的媒介批评与新闻自律》，《新闻知识》2007年第1期。

定，更应宗旨统一，言论一致，期有俾于共和。'"① 这是行业自我规范的一个典型表现。此种言论若由政府而出，则必被视为对新闻自由的侵犯，但由行业自行提出，则更容易为行业内部所接受。

相较于宽松的南京临时政府时期，北洋军阀和国民党统治时期，对新闻事业的管理力度大大增强，同时管理密度加大，相应的惩处措施也更为细密严厉。随着政府实力的提升，新闻事业的发展势头逐渐转弱，即回归到"强大"的政府和"弱小"的新闻事业模式。此时，政府依靠行政强制力便能解决大部分问题，更加容易忽略行业自律的作用。而同样的，新闻行业一直在发展，行业团体实力逐渐增强，行业发展的一些负面效应也日渐引起业内人士重视。为了更好地维持新闻事业的发展，应对不断产生的新问题，行业内部也在寻求自救办法，尝试着去规范约束一些影响行业健康发展的行为。这些行业规范，鲜有得到政府重视或专门的认可的，但不可否认的是，这些规范对中国新闻事业的发展具有正面的、积极的作用和影响。

经历连年战乱和封建压迫、列强掳夺，民族资本主义发展缓慢，清末国内经济凋敝，军事落后，唯独新闻事业反于变乱中越发兴盛。有识之士争相办报，以笔代枪，尽抒己见，在这乱世之际，争得一席施展之地。得益于辛亥革命对于封建政权的摧毁性打击，来自封建势力的言论管控瞬间崩塌，新闻事业呈井喷式发展。

辛亥的零星枪响，推倒了危如累卵的清王朝，南京临时政府匆忙成立。前有封建顽固势力的反扑，后有西方列强的虎视眈眈，南京临时政府极尽所能地构建起一套体制架构，以维护革命成果，巩固民主政权。新闻管理措施虽散见于各项政举中，却也自成体系：以《中华民国临时约法》为纲领，以中央和地方二级行政建制为依托，以《大清报律》为框架，以筹办刊发官报为向导，以减免邮资等举措为补充，着力开创民主初成时代的新闻管理新局面。

---

① 赵建国：《论民元时期的报界团体及其活动》，《江西社会科学》2010 年第 6 期。

南京临时政府通过《中华民国临时约法》认可并保障"人民有言论、著作、刊行及集会结社之自由"，同时也声明政府保留"本章所载民之权利，有认为增进公益、维持治安或非常紧急必要时，得依法律限制之"。中央政府曾颁布《民国暂行报律》及减免邮资等举措，并在不违背民主政体的前提下，有条件地沿用清廷旧制。此外，各地政权机关尤其是革命党人掌权者，都在所颁布的法令和签署的协定中写有保护言论出版自由之类的条款。

无论是出于对言论自由的敬畏，抑或是由于政权自身的软弱妥协，从种种举措上来看，南京临时政府在试图建立一个自由新闻体制，在这个体制下，新闻人有着充分的发言权，充分履行传递信息、监督政府等职责，"无冕之王"应是实至名归。然而事实并不尽如人意，过度的自由给报界发展带来了机遇，同时也埋下隐患。随着大众对时事新闻的高度关注，甚至出现了捏造假新闻的现象。更为紧要的是，南京临时政府成立于风雨飘摇之中，帝国主义侵略者虎视眈眈，袁世凯等守旧势力根深蒂固，即便是革命党人内部，也是诸口不一。在民国成立后，本就存在的革命道路分歧愈发明显，各项建制并不能稳定推进，即便有着先进的政治理念，亦是无法贯彻落实。

舆论如水，由于言论天然的恣意性，新闻事业更加需要适度的引导和宏观上的管理，以防过犹不及。政府与新闻事业的关系如堤坝与洪水，新闻事业需要政府的适当规范与引导才能顺利倾泻而出，而政府则必须接受新闻舆论的浸润甚至冲击，才不至于虫蠹风蚀。

参考文献

（按汉语拼音排序）

一 档案史料类

1. 《中华民国临时约法》、《临时政府内务行政纪要》、"名人日记、书信、文学作品"、"民国地方法规"、《申报》、《时报》等史料。

2. 中国第二历史档案馆编《临时公报》（第一辑），江苏广陵古籍刻印社 1982 年影印版。

3. 中国第二历史档案馆编《中华民国史档案资料汇编》（第一、二辑），江苏古籍出版社，1994。

4. 上海通社编《上海研究资料》，上海书店，1984。

二 图书著作类

5. 〔加〕季家珍著《印刷与政治》，广西师范大学出版社，2015。

6. 〔美〕费正清、刘广京编《剑桥中国晚清史》，中国社会科学出版社，2006。

7. 〔美〕费正清编《剑桥中华民国史》（上卷）、《剑桥中华民国史》（下卷），中国社会科学出版社，2006。

8. 〔美〕约翰·D. 泽莱兹尼著《传播法判例：自由、限制与现代媒介（第四版）》，王秀丽译，北京大学出版社，2007。

9. 〔日〕菊池秀明著，马晓娟译：《末代王朝与近代中国：清末中华民国》，广西师范大学出版社，2014。

10.〔英〕《泰晤士报》著《〈泰晤士报〉晚清改革观察记》，方激编译，重庆出版社，2013。

11.《南方周末》编《晚清变局与民国乱象》，北京工业大学出版社，2011。

12. 鲍丹禾著《舆论领袖——民国报人出版人小传》，中国广播电视大学出版社，2013。

13. 陈夏红编《孙中山答记者问》，中国大百科全书出版社，2012。

14. 陈夏红编《辛亥革命实绩史料汇编》（建制卷），中国大百科全书出版社，2011。

15. 陈夏红编《辛亥革命实绩史料汇编》（舆论卷），中国大百科全书出版社，2011。

16. 戴元光著《中国传播思想史（现当代卷）》，上海交通大学出版社，2005。

17. 邓丽兰著《西方思潮与民国宪政运动的演进》，南开大学出版社，2010。

18. 段云章著《陈炯明》，广东人民出版社，2009。

19. 樊亚平著《中国新闻从业者职业认同研究（1815~1927）》，人民出版社，2011。

20. 方汉奇、王润泽主编《中国人民大学新闻学院藏稀见民国新闻史料汇编》，国家图书馆出版社，2012。

21. 方汉奇主编《中国新闻事业编年史》（上），福建人民出版社，2000。

22. 方汉奇主编《中国新闻事业通史》，中国人民大学出版社，1999。

23. 方汉奇著《方汉奇文集》，汕头大学出版社，2003。

24. 高敬著《读点民国史》，红旗出版社，2012。

25. 戈公振著《中国报学史》，商务印书馆，1927。

26. 郭卫编著《民国大理院解释例全文》，中国政法大学出版社，2014。

27. 韩信夫、姜克夫主编《中华民国大事记》（第一卷），中华书局，2011。

28. 黄瑚著《中国近代新闻法制史论》，复旦大学出版社，1999。

29. 黄远庸著《黄远生遗著》，台北：文海出版社，1987。

30. 解玺璋著《君主立宪之殇——梁启超与他的"自由改"》，山西出版传媒集团、山西人民出版社，2014。

31. 李彬主编《中国新闻社会史文选》，清华大学出版社，2008。

32. 李彬著《中国新闻社会史（1815～2005）》，上海交通大学出版社，2007。

33. 李滨著《中国近代报刊角色观念的发展和演变》，岳麓书社，2011。

34. 李满星著《张季鸾与民国社会》，百花文艺出版社，2011。

35. 李新主编《中华民国史》（第一卷上）、《中华民国史》（第一卷下）、《中华民国史》（第二卷上）、《中华民国史》（第二卷下），中华书局，2011。

36. 李秀云著《留学生与中国新闻学》，南开大学出版社，2009。

37. 李秀云著《中国现代新闻思想史》，中国社会科学出版社，2007。

38. 李炎胜著《中国报刊图史》，湖北人民出版社，2005。

39. 梁启超著《饮冰室合集》，中华书局，1898。

40. 林志宏著《民国乃敌国也——政治文化转型下的清遗民》，中华书局，2013。

41. 刘琳著《辛亥革命时期福建华侨报人记》，海峡文艺出版社，2013。

42. 刘萍、李学通主编《辛亥革命资料选编》，社会科学文献出版社，2012。

43. 刘小清、刘晓滇编著《中国百年报业掌故》，江苏人民出版社，2000。

44. 龙伟等编《民国新闻教育史料选辑》，北京大学出版社，2010。

45. 毛章清、阳美燕、刘泱育编《北大新闻史论青年论衡》，清华大学出版社，2015。

46. 倪延年编《中国报刊法制发展史》（史料卷），南京师范大学出版社，2006。

47. 倪延年著《中国新闻法制史》，南京师范大学出版社，2013。

48. 彭剑著《清季宪政大辩论——〈中兴日报〉与〈南洋总汇报〉论战研究》，华中师范大学出版社，2011。

49. 邱远猷、张希坡：《中华民国开国法制史：辛亥革命法律制度研究》，首都师范大学出版社，1997。

50. 散木著《乱世飘萍：邵飘萍和他的时代》，南方日报出版社，2006。

51. 邵志择著《近代中国报刊思想的起源与转折》，浙江大学出版社，2011。

52. 孙旭培著《自由与法框架下的新闻改革》，华中科技大学出版社，2010。

53. 汤志钧编《梁启超卷》，中国人民大学出版社，2014。

54. 汪楫宝著《民国司法志》，商务印书馆，2013。

55. 汪庆祺编，李启成点校《各省审判厅判牍》，北京大学出版社，2007。

56. 王坚著《民国狂士录》，河南文艺出版社，2013。

57. 王绿萍著《四川近代新闻史》，四川大学出版社，2007。

58. 王敏著《苏报案研究》，上海人民出版社，2010。

59. 王天根等著《近代报刊与辛亥革命的舆论动员》，时代出版传媒股份有限公司、黄山书社，2011。

60. 王天根著《清末民初报刊与革命舆论的媒介建构》，合肥工业大学出版社，2010。

61. 王文科、张扣林主编《浙江新闻史》，浙江大学出版社，2010。

62. 闻立欣编著《民国新闻月刊（1911~1919）》，古吴轩出版社，2013。

63. 夏锦文主编《冲突与转型：近现代中国的法律变革》，中国人民大学出版社，2011。

64. 肖燕雄著《传播制度与实务》，湖南大学出版社，2007。

65. 徐新平著《维新派新闻思想研究》，湖南人民出版社，2010。

66. 徐铸成著《报人张季鸾先生传》，生活·读书·新知三联书店，2009。

67. 许清茂、林念生主编《闽南新闻事业》，福建人民出版社，2008。

68. 杨德山编《中国政党学说文献汇编》，中国人民大学出版社，2014。

69. 杨新正著《中国新闻通讯员简史》，人民日报出版社，2014。

70. 叶曙明著《国会现场：1911～1928》，浙江人民出版社，2013。

71. 俞前、王晓华、张庆军著《天下南社》，江苏人民出版社，2014。

72. 袁新洁著《近现代报刊"文人论政"传统研究》，江西人民出版社，2009。

73. 张冠梓主编《哈佛看中国》（政治与历史卷），人民出版社，2010。

74. 张国华著《中国法律思想史新编》，北京大学出版社，1991。

75. 张鸣著《辛亥：摇晃的中国》，广西师范大学出版社，2013。

76. 张岂之主编《民国学案》，湖南教育出版社，2005。

77. 张学继著《陈其美》，团结出版社，2011。

78. 张之华主编《中国新闻事业史文选》（公元724～1995），中国人民大学出版社，1999。

79. 赵建国著《分解与重构：清季民初的报界团体》，生活·读书·新知三联书店，2008。

80. 赵敏恒著《外人在华新闻事业》，王海等译，暨南大学出版社，2011。

81. 郑会欣著《民国政要私密档案》，中华书局，2014。

82. 郑连根著《新闻往事》，中国友谊出版公司，2010。

83. 中国社会科学院近代史研究所编《近代中国与世界》，社会科学文献出版社，2005。

84. 中国社科院近代史所等编《孙中山全集》，中华书局，2011。

85. 中国孙中山研究学会编《孙中山和他的时代》，中华书局，1989。

86. 《中华民国实录》，吉林人民出版社，1999。

87. 朱汉国、杨群主编《中华民国史》，四川人民出版社，2006。

88. 祝勇著《民国的忧伤——民国初年的宪政传奇》，东方出版社，2013。

三 论文类

89. 陈镐汶：《清末苏报案溯源》，《新闻记者》1989年第7期。

90. 陈勇勤：《官方舆论与依法治国——晚清中央机关"清议"群体现象个案分析》，《甘肃政法学院学报》2002年第6期。

91. 段宗明：《民初新闻记者邵飘萍的政论特色及形成原因》，《广西社会科学》2005 年第 3 期。

92. 冯江峰：《清末民初人权思想的肇始与嬗变》，中国政法大学博士学位论文，2006。

93. 郭恩强：《作为关系的新闻纸：〈申报〉与晚清义赈》，《新闻与传播研究》2016 年第 6 期。

94. 郭建鹏：《叛逆、遮蔽与时代——试析南社社员名号的文化内涵》，《南京理工大学学报》（社会科学版）2014 年第 11 期。

95. 郭绪印：《孙中山与〈中华民国临时约法〉》，《上海师范大学学报》（哲学社会科学版）2013 年第 5 期。

96. 何明敏：《民国时期报业发展与彼时信息需求》，《重庆社会科学》2017 年第 2 期。

97. 黄旦：《报纸革命：1903 年的〈苏报〉——媒介化政治的视角》，《新闻与传播研究》2016 年第 6 期。

98. 黄旦：《耳目喉舌：旧知识与新交往——基于戊戌变法前后报刊的考察》，《学术月刊》2012 年第 11 期。

99. 孔毅：《傅玄伦理思想三论》，《贵州师范大学学报》（社会科学版）2003 年第 6 期。

100. 李彬：《"新新闻史"：关于新闻史研究的一点设想》，《新闻大学》2007 年第 1 期。

101. 李晨光：《民初记者黄远生研究综述》，《新闻世界》2013 年第 7 期。

102. 李旻：《清末民初实业救国思潮研究》，陕西师范大学博士学位论文，2010。

103. 李默海：《孙中山的宪政思想及其实践问题研究》，山东大学博士学位论文，2006。

104. 李日：《章士钊新闻理论与实践研究》，湖南师范大学博士学位论文，2003。

105. 李统兴：《革命主题下报刊职业道德问题的重新审视》，《国际新闻界》2007 年第 5 期。

106. 李统兴：《清末民成报刊职业道德失范的原因》，《新闻传播史》2007 年第 6 期。

107. 李曦珍、胡辰、李丹超：《孙中山舆论宣传中的国民认同思想》，《西南民族大学学报》（人文社会科学版）2011 年第 12 期。

108. 李秀清：《〈大清违警律〉移植外国法评析》，《犯罪研究》2002 年第 3 期。

109. 李志茗：《旧邦新造：孙中山与南京临时政府之组建》，《福建论坛》（人文社会科学版）2016 年第 9 期。

110. 林红玲：《清末民初国民意识生成与嬗变的历史考察》，吉林大学博士学位论文，2015。

111. 刘继忠：《政治理念·自由主义·民族主义——孙中山新闻思想再评析》，《国际新闻界》2012 年第 1 期。

112. 刘宁：《孙中山政党思想研究》，中共中央党校博士学位论文，2014。

113. 卢家银：《民初报界抵制报律的深层原因分析——以〈暂行报律〉事件为中心》，《国际新闻界》2009 年第 3 期。

114. 卢宁：《早期〈申报〉的政治参与及查禁风波》，《福州大学学报》（哲学社会科学版）2010 年第 1 期。

115. 骆宝善：《辛亥革命初期的新闻传媒与孙中山》，《广东社会科学》1998 年第 1 期。

116. 倪延年：《论民国新闻史研究的视角、难点及原则诸问题》，《现代传播（中国传媒大学学报）》2013 年第 6 期。

117. 倪延年：《论孙中山先生的新闻民主和法制思想》，《现代传播（中国传媒大学学报）》2011 年第 9 期。

118. 倪延年：《论中国社会近代化进程中新闻法制嬗变的历程和标志》，《现代传播（中国传媒大学学报）》2012 年第 7 期。

119. 彭明：《论南京临时政府》，《近代史研究》1981 年第 3 期。

120. 饶传平：《论近代中国宪法中基本权利条款之演变（1908~1947）》，华东政法大学博士学位论文，2010。

121. 任薇：《从"有法"到"无法"——清末民初新闻法制思想的演变》，《新闻爱好者》（理论版）2007年第5期。

122. 桑兵：《清末民初传播业的民间化与社会变迁》，《近代史研究》1991年第6期。

123. 邵绿：《略论〈申报〉的发行方式》，《新闻记者》2012年第6期。

124. 孙立涛：《清议性质与汉代乡里清议略析》，《重庆师范大学学报》（哲学社会科学版）2014年第2期。

125. 谭慧敏：《从黄远生的新闻思想与实践看民主记者的职业化倾向》，《西部广播电视》2014年第8期。

126. 唐上意：《南京临时政府的立法建制》，《近代史研究》1981年第3期。

127. 王红军：《清末民初思想界的黄远生》，复旦大学博士学位论文，2010。

128. 王润泽：《官方与民间：晚清报刊舆论的首次抗争》，《社会科学战线》2017年第3期。

129. 魏莉：《清末民初新闻自由思想刍议》，《天津师范大学学报》（社会科学版）2007年第1期。

130. 吴建铭：《民初（1912~1913）立法与行政关系的论争》，福建师范大学博士学位论文，2009。

131. 武占江：《论〈申报〉1905年改版——兼论中国新闻史两个系统的互动关系》，《西南民族大学学报》（人文社会科学版）2013年第1期。

132. 武志勇：《清末新闻出版法关涉报刊发行之律条浅析》，《新闻大学》2010年第2期。

133. 徐峥、席舜：《我国近代诉讼文化的转型及其影响》，《法制与社会》2013年第7期。

134. 阳信生：《政治权威的嬗变与清末民初中国政局——以辛亥革命

前后湖南为中心的考察》，《求索》2010 年第 6 期。

135. 杨晓萌：《从民国暂行报律风波论新闻的绝对自由》，《今传媒》2012 年第 2 期。

136. 余玉：《清末民初新闻团体争取言论自由的历史轨迹》，《现代传播（中国传媒大学学报）》2014 年第 10 期。

137. 张瑞：《清末民初新闻团体特色探析》，《青年记者》2013 年第 29 期。

138. 周丹：《章太炎政治思想研究》，吉林大学博士学位论文，2015。

139. 周叶飞：《报刊与政府关系的重组：报律风波中的"共和"想象》，《新闻与传播研究》2016 年第 6 期。

140. 邹永厚：《孙中山道德理想国的构建与困境》，山东大学博士学位论文，2016。

后　记

"多少喜乐在心中慢慢游，多少忧愁不肯走流向心头。"

这本书是在我博士论文的基础上完成的。博士学习阶段是人生非常重要的一次历练，从选题到定稿，几经周折。过程不仅漫长，有时候还很痛苦。面对着一次又一次的自我否定，时常有种说不清、道不明的酸楚萦绕心头。会因为有几天没有去触碰文献，感觉到空虚，甚至深深的自责，偶尔伴着些许自卑与孤独。也会为在与学人交流、师长批评中获得新想法、新思路而欣喜。

感谢我的博士生导师方晓红教授，是她"放任"了我的写作，让我凭着自己的选择去展开研究。是她让我从惯常的实务研究中走出来，训练从史料中觅踪索学的基本功。在生活、学习、工作中，她都无微不至地关心着我的成长，给我创造一切有可能的机会去实现人生价值。

感谢倪延年教授，正是他的国家社科重大课题让我最终确定了本书的选题，感谢他对晚辈的鼓励与提携，并以其严谨的治学精神深深影响着我。感谢张晓锋教授，如果不是他的"催促"和指点，也许我的博士论文还会拖很久。感谢张红军教授、顾理平教授、于德山教授、骆正林教授、李培林教授、靖鸣教授、刘荃教授、邹军教授等的谆谆教诲。感谢暖友群的各位兄弟姐妹，亦师亦友，共同享受着"海内存知己，天涯若比邻"的快乐。感谢同期"多友"申琦、闫隽的不断鼓励和"刺激"。感谢同门间的温暖，老骆师兄、瑞青师弟等给了我很多帮助。感谢南京师范大学新闻与传播学院，特别是网络与新媒体系各位同仁默默的关心和支持，他们无声的支持和鼓励给了我研究的力量，让我这个"双肩挑"科研小学生有了自由驰骋的港湾。感谢博士论文答辩主席程曼丽教授以及各位盲审专家中肯的批评和意见。还有很多需要感谢的人，支持的不支持的，身边的远去的……都要说声谢谢，是你们支撑、激励、推动着我不断向前。

当然需要好好感谢我的家人，是他们给了我巨大的力量去实现自己的梦想，是他们默默的奉献成就了我的学业、事业和本书的出版。

最后，我还要衷心感谢本书的责任编辑徐永清老师，他为拙作的出版做了细致而出色的工作，他严谨的工作态度为本书添色良多，让我的研究成果得以与读者见面。

由于才疏学浅、水平有限，我深知这本小书还有很多不足，恳请各位专家和读者对书中疏漏及不当之处多多批评指正。

"意义的源泉总是被规定为一种生命的活动，一个活生生存在的活动和动力。"无论何时何地，我都感谢这段特殊的日子，它是我人生路上非常重要的一页，必将影响着我今后的工作、学习，当然也包括生活。

一切终将过去，一切又会开始……

高山冰

2019 年 8 月仙林

图书在版编目（CIP）数据

南京临时政府时期的新闻管理体制／高山冰著．--
北京：社会科学文献出版社，2020.5
ISBN 978-7-5201-5748-3

Ⅰ．①南…　Ⅱ．①高…　Ⅲ．①新闻事业史-研究-中
国-1912　Ⅳ．①G219.296

中国版本图书馆 CIP 数据核字（2019）第 229655 号

南京临时政府时期的新闻管理体制

著　　者／高山冰

出 版 人／谢寿光
责任编辑／徐永清

出　　版／社会科学文献出版社·政法传媒分社（010）59367156
　　　　　地址：北京市北三环中路甲29号院华龙大厦　邮编：100029
　　　　　网址：www.ssap.com.cn
发　　行／市场营销中心（010）59367081　59367083
印　　装／三河市尚艺印装有限公司

规　　格／开　本：787mm×1092mm　1/16
　　　　　印　张：11.25　字　数：167千字
版　　次／2020年5月第1版　2020年5月第1次印刷
书　　号／ISBN 978-7-5201-5748-3
定　　价／68.00元